本书为国家自然科学基金重大项目

"创新驱动下平台企业主导的创业生态系统研究"(72091312)成果

数字社会科学丛书编委会

数字社会科学丛书

魏江

沈睿

刘洋

王颂

等著

数字创业

Digital
Entrepreneurship

ZHEJIANG UNIVERSITY PRESS
浙江大学出版社
·杭州·

图书在版编目（CIP）数据

数字创业 / 魏江等著. -- 杭州 : 浙江大学出版社,
2025.4. -- ISBN 978-7-308-25788-6

Ⅰ. F49

中国国家版本馆CIP数据核字第202565C5K7号

数字创业

魏江 沈睿 刘洋 王颂 等著

策划编辑	张 琛 吴伟伟 陈佩钰
责任编辑	吴伟伟 陈思佳
责任校对	陈 翩
封面设计	雷建军
出版发行	浙江大学出版社
	（杭州市天目山路148号 邮政编码310007）
	（网址：http://www.zjupress.com）
排 版	杭州林智广告有限公司
印 刷	杭州宏雅印刷有限公司
开 本	710mm×1000mm 1/16
印 张	15.75
字 数	200千
版 印 次	2025年4月第1版 2025年4月第1次印刷
书 号	ISBN 978-7-308-25788-6
定 价	88.00元

DIGITAL ENTREPRENEURSHIP　**前　言**

　　五年前，我负责在浙江大学工商管理学科创建了"数智创新与管理"二级学科，并宣称要写"数字三部曲"：《数字创新》《数字战略》《数字创业》。下定决心后，我和刘洋很快投入《数字创新》的写作，利用疫情防控期间相对自由的时间空档，不到三个月时间，就完成了《数字创新》初稿，并于2021年初正式出版。《数字创新》一书的出版赢得了很好的社会反响，这给了我写《数字战略》的信心。我趁热打铁，组织杨洋、邬爱其完成了第二部曲。《数字战略》的出版，不但得到理论界的支持，还为产业界所关注，该书在2022年初出版后，成为当年度财经类畅销书。

　　我原计划是2023年就把第三部曲《数字创业》一气呵成完成，结果，疫情防控结束后，我的工作单位和行政岗位发生了变动，新岗位大量管理工作把我压得喘不过气来，导致这本书一拖再拖，直到今天才与大家见面。如今，我终于到了写序言的时候，心里有种轻松感。这既是对大家厚爱的交代，也是对学科建设的交代。

"数字三部曲"的源起

我在 2017 年承担了国家社会科学基金重大项目"'互联网 +'促进制造业创新驱动发展及其政策"研究，项目申报时，我国经济发展还处于"互联网 +"时代，项目进行到中期时就演进到"数字 +"时代，日新月异的变化需要学界给出理论上的回应，才能引导企业、产业和政府决策不走入歧路。这是我倡导建立"数智创新与管理"学科的起因，也是写作"数字三部曲"的动机。

结果，当我去企业调研数字产业化和产业数字化时，发现了不少有趣的现象：在数字平台企业中，波特的五力模型好像"失能"了，因为线性的价值链找不到了，那再讨论价值链模型有什么必要呢？经典的产业组织经济学好像"失效"了，因为产业边界不存在了，那再讨论多元化、单元化战略有什么意义呢？传统的企业创新经济学好像"失主"了，因为在虚拟社群中创新主体是谁不知道了，那创新激励政策又如何落地呢？凡此种种。这些有趣的发现，更加驱使我去写中国第一个"数字创新与管理"系列作品。

我们正在进入一个混沌却又清晰的时代，这是一个"数字达尔文时代"，企业如同闯入一个遍布着二进制符号和 A、B、C、D 技术洪流的原始丛林中，在穿越这个丛林的过程中，我们见证了因数字颠覆而退出历史舞台的公司（例如柯达、百视达），也目睹了利用数字技术悄无声息地改变行业格局的新起之秀（例如 Amazon、Facebook、今日头条、美团）。对于在新旧交接时期游刃有余、成功转型的那些在位本土企业（代表性的如海尔、华为、美的）而言，数字创业、数字创新和数字战略仿佛一种基因，流淌在企业血液中，不断地借助于数字和数据，助力企业获取和维持竞争优势。

这或许就是"数字达尔文时代"的生存法则：要么适应，要么死亡。在这个时代，新的技术要素、资源要素和生产方式、消费方式层出不穷，技术和社会的发展速度超过了企业能够自然适应的速度。企业想要生存，就不能沉浸在"to be or not to be"的困境中犹豫不决，这个时代抛弃你从不商量——或许是因为你一成不变，又或许是因为你变得太慢。在这个时代，数据要素日益成为全新的创新创业基本要素，数字能力日益成为全新的创新创业能力，数字组织日益成为实现价值创新的新型生产关系和市场关系。

数字创业在平台组织、生态组织的建立者头脑中，越来越成为一个被优先考虑的问题，它迫使企业决策者将目光投向他们所知的传统物理世界之外，观察虚拟世界、智人世界和元宇宙世界中的创新创业活动是如何变化的。那么，我们不禁要问：数字创业到底是什么？当决策者把传统企业改造为创业生态时，至少要知道未来的创业空间是什么、为什么，以及他们需要做什么。本书试图给实践者和研究者提供一个观察的视角。

未来的创新创业世界，已经不可能离开数字技术和数据要素了。作为一名教师，我还在想：创新管理、创业管理、战略管理相关领域的教材是不是要重写了？虽然目前还不能确定，但我相信工商管理学科的重塑是必然的，为此，我考虑下一步把"数字三部曲"转化为"教材三部曲"。不过，这是一种展望，不敢承诺。

数字创业的新观察

数字技术和数据要素的发展，已经切切实实地、不可限量地改变了企业的创新创业活动。举几个有趣的例子。一是我在钉钉生态圈调研时发现，从 2020 年初到 2023 年初，疫情防控期间，该生态圈内竟然产生了几千家互补企业，大部分是新创企业。那么，这是为什么，以及这种创业聚变是如何发生的？二是在杭州滨江一座大楼里，竟然入驻了 3 万名播主，他们几乎都是创业者，但他们又是如此普通，以至于我们不在乎他们叫什么名字，只知道他们拥有一个共同的名字——网红。这就是数字平台激发的创业力量！

"数实融合"是当下的高频词。在我看来，制造业企业的数字平台转型该是最有趣且重要的数实融合模式。举两个例子。一是海尔集团，它依托 HOPE、COSMOPlat 平台，围聚和培育了成百上千家新创企业，包括雷神这样的独角兽企业。二是大华集团，它依托数字平台，实现了场景化创业，包括大家熟悉的零跑汽车。这就是平台的创业裂变，通过对制造业企业的裂变式数字创业，激发出实体企业的创业力量！

事实告诉我们，数字技术和数据要素的发展，已经改变了创新创业的形态和路径。从产业组织看，数字技术的迅猛发展已重塑了产业组织形式、市场结构和行业竞争格局，推动了产业组织结构和治理关系的演变。比如，产业组织内创业者之间的合作机制、机会的涌现机制等，创业者之间已经不再是传统的竞争合作、你死我活的状态。

从微观组织看，数字企业的创业资源、创业过程和创业边界也发生了颠覆性变化，跳出了传统的找寻资源和市场机会、组建团队、探索商业模式、创新产品的创业范式。比如，微粒创业组织风起云涌，数字技术驱动创新与创业的零距离耦合，数据要素正在高频率赋能各类创业单元。可见，数字创业已演变成平台为创业者市场赋能、资源赋能、提供产品赋能和模式赋能的新范式。

为此，我们需要系统建构起数字创业的理论体系，来回答清楚这样一些问题：数字创业相较于传统创业呈现出哪些新的变化？数字创业过程有何独特性？产业层和生态层新结构对数字创业究竟产生了怎样的深远影响？本书立足于经典创业理论和新兴数字创业实践，力图探讨数字经济时代的创业模式变革，揭示数字技术和数据要素对创业情境变迁、创业行为过程的重构以及创业生态系统再造的影响。

数字创业的新范式

本书将数字创业定义为：组织或个体通过使用数字技术来有效获取、处理、分发和应用数字信息和数据要素，寻求、利用数字产业化和产业数字化的机会，实现整合资源、构建团队、创造价值的过程。按照上述定义，我们提出了数字创业的四要素：数字技术、数字创业者、数字创业机会和数字创业资源。进一步地，基于数字经济时代创业情境、创业行为和创业产出的内在逻辑，本书解释了数字技术是如何重塑创业要素和要素间关系的，是如何影响数字创业的价值创造方式的。

本书提出了三方面的核心观点。

第一，**数字创业的情境是多层次、系统性变迁的**。数字技术和数据要素促使创业情境在宏观（经济）、中观（产业）和微观（企业和个体）发生多层次变迁。从数字经济层面看，数字技术创新和数据要素显化，使得创业经济活动突破了传统市场结构和交易关系的束缚，创业正从传统市场、区域边界内的活动，转化为无边界的活动。从产业组织层面看，产业组织边界已经消亡，产业组织结构已被打破，这些变化给数字创业提供了全新的可能，比如，跨行业、跨领域、多主体协同创业成为常态，这激发了大量创业机会的涌现。从产业生态看，数字生态系统的开放性延伸了创业者的感官，使创业活动被快速拓展和加强，以数字技术基础设施为支撑的数字经济系统，正在牵引并促成创业系统的全面再造。从创业个体看，人人成为创业者，正在成为可能。

第二，数字创业的行为是机会化、资源化重构的。数字技术和数据要素让"创业不再难"似乎已成为现实，数字组织高速延展，极大地加速了各类创业机会的涌现与创业资源的整合。我们注意到：一方面，大数据分析、智能算法等技术，可以让创业者精准识别、快速捕捉市场需求，促使创业机会快速涌现；另一方面，数字组织不断为创业团队赋能，创业者与平台企业在不断交互中，汇聚了多样化的创业资源，实现了资源与机会的精准匹配，大大缩短了创业过程，提升了创业效率。本书把这样的特征概括为四个"化"：机会涌现化（emerging）、创业资源化（resourcing）、团队虚拟化（virtualizing）和创业集群化（platforming）。

第三，数字创业的产出是产业化、生态化存在的。数字创业加速了新兴产业的崛起和传统产业的数字化转型。数字技术与数据要素的应用不仅强化了产业链的协同效应，还为创业者通过商业模式创新来重构产业价值链、重塑市场结构，提供了广泛又多样的机会，由此不断形成更具灵活性和竞争力的产业生态。数字平台和生态系统成为数字时代的典型组织形态，通过汇聚创业者、投资者和资源提供者，使他们结成协同的开放生态系统，进而资源在其中就实现了有效共享与流动。这种生态化再造为数字创业提供了广阔空间，出现了新型数字创业群落，推动了经济增长和生态发展的同向演进。

本书具有三方面的写作特色。

第一，与大众对话。延续前两本书的风格，我们努力以大众都能接受的语言和信息组织方式来写这本书。为此，我们采用学理阐述与案例分析高频互动的方式，用短小精悍的例子和故事来诠释理论观点。在文字写作上，尽量写短句，尽量不用深奥的模型和理论假设，尽量用大家熟悉的例子。

第二，提出数字创业四要素模型。该模型通过与传统创业模型对话，结合例子来表述数字技术赋能下的创业新模型，最基本特征在于机会涌现化、创业资源化、团队虚拟化、创业集群化。机会涌现化是指创业机会可以依托于生态系统持续出现；创业资源化是指各类创业资源在平台系统上汇聚，缺的不是资源，而是独特的产品和服务；团队虚拟化是指创业团队通过开放系统而汇聚，甚至出现虚拟的合作创业者；创业群落化是指通过平台实现供需关系对接，由平台引流，使创业者与市场需求者对接，进而实现群落化汇聚。

第三，提出数字创业的系统建构。一是构建了包括技术层、产业层、生态层和系统层的数字创业多层次情境，将数字创业的微观行为过程和宏观经济影响有效联结，揭示了数字创业促进新型创业生态形成和经济高质量发展的内在机理。二是突出了数字技术和数据要素在数字创业中的内生作用，揭示了数字技术、数字创业者、数字创业机会和数字资源在平台生态中的动态交互和价值创造机制。三是融合了数字创业的理论与实践，采用案例解剖，展示了数字技术驱动下的创业模式变革。

内容安排

本书的主要内容如下。

第 1 章是数字创业情境变迁。本章通过对数字技术创新驱动、数字产业组织变迁、数字创业生态赋能和数字经济系统牵引的跨层次分析，系统揭示了数字时代的创业情境特征以及创业行为、过程的深层次变革。

第 2 章是数字创业概念模型。本章剖析了数字创业对传统创业基本范式的挑战与发展，构建了数字创业四要素模型，在此基础上提炼了数字创业的四大基本特征，即机会涌现化、创业资源化、团队虚拟化、创业集群化。

第 3 章是数字创业机会。本章分析了数字创业机会的概念与特征，从数字技术和数字创业认知视角探讨了数字创业机会如何涌现、创业者如何识别并创造新机会，以及如何通过数字平台和工具有效捕捉创业机会。

第 4 章是数字创业资源。本章探讨了资源涌现化、机会资源一体化这两大数字资源特征对创业活动的影响，分析了数字资源涌现、整合和编排的价值创造路径，揭示了数字创业资本和数字创业能力对价值创造过程的支撑作用。

第 5 章是数字创业组织。本章阐述了数字技术如何改变组织的运行方式及其对创业活动的影响，定义了数字创业组织的本质，即开放性价值创造系统，分析了数字创业的结构形态特征、价值创造模式及其成长演化路径。

第 6 章是创新驱动数字创业。本章关注技术创新、制度创新和商业模式创新驱动下的数字创业活动，分析了创新驱动创业的概念特征及关键要素，进而从触发、催化和聚变的过程视角，阐述了数字技术是如何推动企业创新并赋能数字创业的。

第 7 章是大企业数字创业。本章讨论了大企业如何利用数字技术、数字资源、数字创业机会和数字人才优势开展数字创业活动，构建具有竞争力的数字创业生态系统，并进一步分析了大企业数字创业的模式选择和机制保障。

第 8 章是数字创业生态。本章聚焦于数字技术驱动下开放性数字创业生态系统的构建及对数字创业活动的赋能作用，分析了数字创业生态系统内部及生态间的竞争，提出了数字创业生态的治理机制。

第 9 章是数字社会创业。本章重点分析了数字技术对社会创业机会识别、资源获取和双重价值创造的影响，从数字技术与社会创业者、公司数字社会创业和数字社会创业生态系统三个层面，揭示了数字技术驱动下多主体互动和社会创业生态系统发展的过程。

第 10 章是数字创业研究展望。本章从数字技术、数字创业组织和数字创业情境维度总结了数字创业的最新趋势和未来发展方向，探讨了数字技术驱动下创业活动的微观过程，以及其对产业结构和宏观经济发展的影响。

本书是国家自然科学基金重大项目"创新驱动下平台企业主导的创业生态系统研究"（72091312）的成果。魏江负责本书的总体设计、指导统筹及修改工作；沈睿、刘洋、王颂负责具体内容协调及统稿工作。本书各章分工如下：前言、第 1 章由魏江执笔；第 2 章由魏江、王丁、齐莹执笔；第 3 章由王颂、张涵茹执笔；第 4 章由沈睿执笔；第 5 章由王颂执笔；第 6 章由刘洋、董久钰执笔；第 7 章由田莉、冯潇执笔；第 8 章由缪沁男执笔；第 9 章由沈睿、戴好轩执笔；第 10 章由魏江、苏钟海执笔。

本书的出版是国家自然科学基金重大项目各课题团队通力合作的成果，在此要特别感谢蔡莉教授、张玉利教授、路江涌教授、李大元教授等课题负责人不断给予的鼓励和督促，要特别感谢中南大学王丁副教授、南开大学田莉教授鼎力参与。在此还要特别感谢浙江大学出版社褚超孚、张琛、吴伟伟等老师的大力支持，他们在产品设计、渠道设计和市场推广上精益求精，让我深受感动。

魏　江

2024 年 8 月

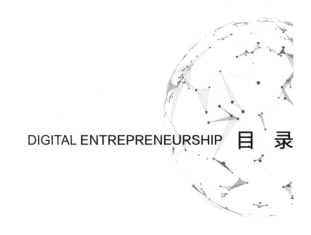

DIGITAL ENTREPRENEURSHIP 目 录

第1章

数字创业情境变迁

　　简洁地理解，创业就是通过创办一个新组织去实现新的产品或服务的市场化的过程。这个新组织可以是市场中新创建的独立主体，也可以是现有市场主体中衍生出来的内部组织。创业是个基于实践驱动的概念，而不是基于理论建构的概念，提出创业这个概念，就是为方便实践者和政策制定者用通俗的词语来描述利用新技术、新产品、新服务去创办企业的过程。

　　从理论建构角度看，创业与创新、战略是难以区分的。我们提出"创新就是创业"，因为任何技术如果没有通过创业过程实现商业化，就不能被称为技术创新，而是技术研发。现有市场主体在实现技术、产品或服务市场化时设立新的组织，可以称之为公司内部投资或者产品线、业务线扩张。创业这个概念那么热门，是技术驱动的需要，也是经济发展的需要，还是产业升级的需要。一句话：数字创业是实践的需要。

这里之所以要强调创业是个实践驱动的概念，是因为我们在思考数字创业这个概念时，很难给予其独特的内涵界定。简单地说，数字创业就是在数字技术驱动或者数字商业模式驱动下的一种创业行为。如果把数字技术替换为生物技术，并称其为生物创业，或者替换为信息技术，并称其为信息创业，其实也是同一回事。不过，数字时代的创业组织、创业个体、创业生态确实发生了很大变化，由于数字技术涌现、数字组织变革、数字模式变迁，创业机会利用、创业过程重构、创业价值实现形态变了，由此产生了大量新的创业机会，正如第二次工业革命时期，电力技术革命带来了新产品、新服务、新材料，促使大量新企业涌现。

按照实践逻辑，本章从数字技术创新驱动、数字产业组织变迁、数字创业生态赋能和数字经济系统牵引四个层面来揭示创业情境的变迁（见图1.1），并由此为数字时代的个体创业、公司创业、平台创业和生态创新提供新的可能性。

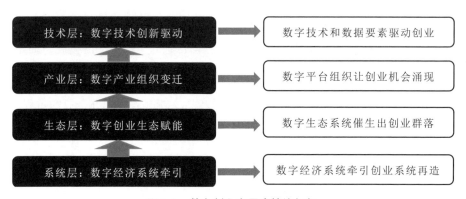

图 1.1　数字创业多层次情境框架

数字技术创新驱动

数字技术的发展与数据要素的产生，深刻地改变了产业组织形式、市场结构形态、行业竞争格局、企业组织结构和外部治理关系，从根本上引致了创新和创业模式的变迁。这里之所以把数字技术和数据要素区分开来，是因为二者是有质的区别的，我们把前者称为技术要素，把后者称为资源要素。

不同语境下对数字和数据的理解不同，数据（data）可以是事实或观察的结果，可以是对客观事物的逻辑归纳，也可以用于表示客观事物的未经加工的原始素材。数字（digital）则是数据进行加工处理后的技术或者数的书写方式，编码化的数据与技术结合在一起就成为数字技术。为了便于理解数字技术和数据要素，我们举两个例子。比如，人工智能的三大要素为数据、算法和算力，其中，数据是基础性要素，算法和算力则是由软件系统和硬件技术构成的技术要素；再如，ABCD[①]+5G 中，数据（D）是数据要素，A、B、C、5G 则属于技术要素。

先来界定数字技术。Bharadwaj et al.（2013）将数字技术定义为信息、计算、沟通和连接技术的组合，包括大数据、云计算、区块链、物联网、人工智能、虚拟现实技术等，数字技术创新充分体现在人工智能、区块链、云计算、物联网等的融合和发展方面。Nambisan（2017）将数字技术归纳为数字工件、数字基础架构和数字平台三个相互关联又各自独立的表现形式，这三者的关联最典型的体现就是商业模式创新。数字技术按照摩尔定律超速发展，其辐射范围之广、影响之深前所未有，层出不穷的新模式、

---

① A即人工智能（AI），B即区块链（blockchain），C即云（cloud），D即数据（data）。

新业态正持续冲击既有的创新创业实践场景，同时创造出新的商业模式，给创新创业带来了巨大的机会红利。

再来界定数据要素。数据已经存在几万年了，但它长期以来是作为计数工具而非生产要素存在的，直到数字技术发展到能把海量数据转化为经济价值时，才能说数据成了生产要素。比如，Open AI 以海量数据为基础，结合搜索技术、算法技术、巨大算力，实现了数据资源的高效挖掘和使用，构筑起了企业强大的创新能力和竞争优势。那么，是不是所有企业都能利用数据要素创造独特价值？显然不是。一方面，数据产权模糊、数据真实性缺失、数据安全性不足等导致数据难以实现资产化交易和价值化分配；另一方面，企业因为缺乏强大的算力和算法，也没有能力把数据转化为要素，只有 SHEIN（希音）、美团、阿里巴巴等"大厂"才有能力基于大数据挖掘、标签加工等方式，成功在客户洞察、精准获客、风险控制和运营分析等环节获取独特价值。

从数字技术和数据要素内涵分析可看到，数字技术和数据要素是相互赋能、互为因果的。由于数字技术具有数据同质化、可重新编程性和可供性等三个本质特征，不同组织、个体都可以利用同样的数据要素和数字技术来实现不同的目的（Yoo et al., 2010）。

例如，企业收集用户在手机上使用社交媒体时产生的大数据并进行分析，可以实现降低成本或者个性化定制等不同目的，因此，数字技术可以赋能数据转化为异质性生产要素，创造了大量新的技术机会和市场机会。反过来，数据要素化过程可以创造新的产品和服务，提高机器智能化水平和学习能力，从而推动数字技术创新。概括地说，只有数字技术和数据要素协同发展，才能源源不断地为数字创业提供技术机会和市场机会。

了解了数字技术与数据要素之间的关系，我们再把数字技术和数据要素结合起来讨论其对创业机会的作用。

首先，数字技术创新可以源源不断地提供创业机会。回溯数字技术发展过程，从信息技术、互联网技术、数字技术到元宇宙技术，每一次技术变迁都创造了数以万亿美元计的全球市场机会，每次技术变迁的轨迹上，都记录了巨量的创业机会，这些机会给技术创业、新兴创业提供了难得的机遇。具体反映在以下三点。

一是数字技术的快迭代、短周期创新给非在位企业提供了机会。比如，ABCD+5G、物联网、务联网，每个领域都存在创业机会，创业者可以利用海量数据、新兴技术，高效地对现有产品和服务定位进行修正，从而挖掘并利用新的市场机会。

二是数字技术的快交互、定制化创新给创业者提供了巨大空间。比如，创业者可以根据用户反馈，针对运营过程中出现的各种问题进行快速迭代和低成本创新，由此涌现了大批数字技术服务创业企业。

三是数字技术的多主体、开放式创新为创业者提供了进入机会。数字技术创新越来越呈现出开放式、生态化态势，创业者可以通过与用户、竞争者和合作者的合作创新，依托数字渠道、用户共同创新、开放式创新，整合外界知识和资源来开发或拓展创业机会。

其次，数据要素和数字技术的交互突破了创新要素、市场要素和生产要素的产业边界、地理边界，也改变了企业与合作者、客户的交互方式，使创业活动突破了产业边界、组织边界、部门边界甚至产品边界（刘洋等，2020；Nambisan et al.，2017），催生出大量基于商业模式创新的创业。具体表现在以下三点。

一是产品边界的突破为创业者提供了基于产品组合的创业机会。企业通过数字技术嵌入，实现了产品适用范围的整合和突破，使得原先不相关的数字化产品边界被撤除，实现了新的关联，产品竞争力更加稳固（Porter and Heppelmann，2014）。比如，手机实现了通信工具与支付设备、摄像设备、导航设备等之前毫不相干的产品的组合，成为智能终端产品，为创业打开了无比精彩的空间。

二是组织边界的突破为创业者提供了基于跨界合作的创业机会。创业组织和成员不再受到上位组织边界的严格控制，创业团队可以通过虚拟化、柔性化形式实现协同。比如，数字创业者可以通过线上线下相结合的方式来整合创业资源，组建虚拟创业团队，大大降低了沟通成本和资源获取成本。再比如，创业团队虚拟化消除了人才流动、文化差异和地理空间等传统因素的制约。

三是地理边界的突破为创业者提供了更加分散灵活的创业空间。数字技术使得拥有不同目标和动机的创业者协作完成创业的情况更为常见，可以让多样化创业主体灵活互动，不断发现新的创业机会，识别和满足更加碎片化和个性化的用户需求，并根据用户反馈与创业者的不断改进实现快速和低成本创业。

数字创业聚焦 1-1 💡

京东商城：开放创业平台 [①]

京东商城创办于 2007 年，凭借其拥有的海量数据以及物流智能化技术、数智化社会供应链技术等，为大型企业（如中联重科、陕煤运销、

[①] 资料来源：http://zhizaoyun.jd.com/platform https://ysc.jdl.cn/about。

三一重工等）以及超 152 万家中小微企业提供了一站式的数智化技术服务，助力企业决策者在多领域、多场景开展创新驱动的创业。[①] 如 2023 年 4 月，京东凭借游戏电视产品获得中国家电创新零售优秀案例奖，就是京东通过数字技术赋能商家进行创业的成功案例。

平台除了提供数智化技术服务互补性创业机会，还可提供新需求导向的创业空间。比如：这几年中国家电市场发生了很大的变化，环境电器、健康电器逐渐成为人们生活的"刚需"；针对老年人口的适老电器应运而生，并从关怀型向智能型转变；与"宅经济"相关的科技家电更受到关注……这些消费趋势和市场信息依托京东数字技术生态体系，传导给在位者或潜在互补者，在更广范围内助力创业者完成迭代式创业。

诸葛·智享是京东专门为商家打造的智享智慧供应链商家开放平台，可为商家提供智能预测需求、智能布局库存、智能补货、智能排产等多种供应链服务。京东由此有效帮助商家解决了线上营销的价格问题和选品问题，并基于智能化数据动态调整商品价格和选品组合，辅助商家精准化决策。京东在 C2M 反向定制上深度布局，通过维度丰富的销售大数据、成熟的数据挖掘和预测能力，为商家提供多种产品生产的指导性建议，帮助商家实现更加精准的 C2M 反向定制。例如：京东通过大数据后台，研判职场白领对于电脑性能的需求，与 ThinkPad 合作，分别定制生产出适合职场男性与职场女性的电脑；京东与夏普通过阶段时间内对用户消费数据的全面分析，共同研发了超过 30 款针对不同群体的定制新品。

---

① 数据来源：https://www.forbeschina.com/business/58373。

数字产业组织变迁

任何企业和个体的科技创新、商业模式创新与创业行为都受制于市场结构、产业组织、竞争形态和经济治理。为此，本部分从产业组织形式、市场结构形态、行业竞争格局、内部运行逻辑等方面的变迁，来分析它们对数字创业的影响。

第一，**产业组织形式**。数字技术发展为各类组织提供了更低的搜索成本、复制成本、流动成本、追踪成本和验证成本（Goldfarb and Tucker，2019），使得平台企业、生态社群、创新社区等一大批以数字技术为基础的新型组织形态大量涌现、爆发性成长并显示出强大创新生命力（魏江等，2021）。例如，平台企业作为数字经济的主要载体和典型组织形式，以网络效应和规模效应为成长内驱力，具备传统商业组织所没有的双边市场和网络效应优势，正成为社会财富的主要创造和分配场域，给数字创业创造了巨大的市场机会。

第二，**市场结构形态**。数字技术为数字经济带来了信息产品的非零和博弈、信息边际成本的趋零、数字市场的在线不在场、大数据成为关键投入品等（张文魁，2022），引致了数字组织的跨空间和跨领域扩张，而数字化联结打破了泾渭分明的企业经营边界，改变了传统范围经济的限制条件。依托内部沉淀的海量数据及共享数字基础架构，数字原生（born-digital）企业能够以极低成本快速进入相邻甚至看似不相关的新市场（蔡宁等，2015），使整个产业市场呈现出寡头竞争、生态竞争的结构，以平台企业为核心的生态系统正在成为全球竞争的主角，全球寡头垄断正成为常态。

第三，**行业竞争格局**。数字技术的发展与变革重塑了产业竞争格局，主要竞争活动由原来的个体间竞争转变为平台间、生态间竞争，呈现出多层次和嵌套性特点。在这一背景下，市场主体构建竞争优势所依赖的战略性资源及企业核心能力均发生新变化，企业获取竞争优势的关键不再是其自身拥有多少宝贵、稀缺、难以模仿的资源（Barney，1991），而是其能否成功构建或者参与有竞争力的生态系统，竞争理念也从传统的零和博弈转变为基于共享价值的竞争与合作（肖红军，2015）。例如，数字平台企业以强大的技术、资本、数据聚集效应和资源配置功能，对传统产业上下游参与者和利益相关者进行市场、技术、过程和合法性赋能，共同构建协同创新生态系统，为参与者创新提供新机会。

第四，内部运行逻辑。数字技术变革了企业生产方式和治理方式。一是数字技术使得组织与员工的雇佣关系变得更加动态和灵活（邱泽奇等，2020），组织内部模块化与高流动的项目组成为最有活力的运行单元（魏江等，2021）。二是物联网、人工智能等数字技术的大量使用使得企业生产过程标准化，信息更加透明，内部可操纵空间更小，有效缓解了公司治理的"委托—代理"问题（陈德球和胡晴，2022）。三是数字技术的全面渗透有效降低了企业的融资成本，依托数字界面，企业向外谋求资金支持的匹配精度被极大提高，数字技术帮助企业拓宽了融资渠道，降低了融资门槛，并节约了融资成本，提高了融资效率。

以上数字产业结构性变迁，最显著的态势就是产业组织的平台化和生态化。数字平台是数字生态系统的焦点，生态组织就是以数字平台或者焦点企业为核心的新型产业组织形态，是平台组织通过准市场化机制联结而成的新型市场形态，是介于市场和科层之间的独特市场形态。在平台组织中，出现了三类构成群体：平台企业、互补者群体、支持者群体。其中，平台企业可以是一个或者多个，比如，阿里巴巴集团就有支付宝、淘宝 / 天猫、菜鸟、钉钉、阿里妈妈、阿里云等多个平台，这些平台相互融合，形成了平台企业群。互补者群体包括供应商、客户等。支持者群体包括各类软件和流量服务商等。平台组织中的资源组合催生了准市场机制，平台企业成为数字技术和市场的基础设施，是为互补者群体提供互补产品和服务的交易场所（Nambisan，2017），平台企业和互补者群体相互提供互补资源，平台企业通过制定一系列治理机制为各类参与者提供制度保证，促进价值主张协同。

上文解构了数字平台的组织逻辑，为数字创业研究和实践提供了新的场景。具体可以从市场机制、资源组合、多主体参与等角度来探索创业机会。

从市场机制角度看，数字平台致力于促进企业或个人之间达成产品、服务交易，依托数字平台的市场功能实现大规模创业。比如，阿里巴巴这个平台为千万级规模的供应商和十亿级规模的客户提供了交易平台，还为十万级规模的应用软件开发商提供了市场需求。

从资源组合角度看，生态系统为创业者提供了劳动力、技术、数据和资金等要素，也为这些要素的提供者提供了创业机会，平台上的参与者和互补者都可以在平台上获取这些资源，这促进了数字创业的高频率涌现。比如，蚂蚁金服可以为百万级规模的创业团队提供资金要素和数据要素，让百万、千万名创业者"创业不再难"。

从多主体参与角度看，数字平台可以协助用户进行内容创造与交换以及社会交流，可以促进应用软件开发者、互补软件产品提供者、焦点企业和各类互补者在开放的数字平台上交互合作，为新创业机会的涌现提供了巨大机会。

数字创业聚焦 1-2

苹果缔造生态化组织

2011 年，诺基亚首席执行官的一份公司备忘录中赫然记录着："我们的竞争对手（苹果）并没有通过设备抢占我们的市场份额，而是正在通过整个生态系统夺取我们的市场份额。"创办于 1976 年的苹果是目前全球最大的科技公司之一，从事设计研发、手机通信和消费电子、计算机软件、在线服务与个人计算机等业务。

众所周知，苹果的热门产品除了 iPhone 智能手机、iPad 平板电脑、Mac 个人电脑等硬件，还包括操作软件系统（iOS）、多品类在线应用商店。苹果的硬件产品、软件操作系统和应用商店共同构成了苹果的数字生态系统。诺基亚首席执行官指出，苹果颠覆行业的关键驱动因素在于苹果商店，由此形成数字生态系统（见图 1.2），创业者在该平台上发布自己的软件应用程序，成千上万的开发者围绕苹果产品和用户需求创造无限活力。

图 1.2　苹果数字生态系统

苹果通过提供各种技术工具包、工件和文档，其以软件开发工具包（software development kit, SDK）和应用程序编程接口（application programming interface, API）[①]为主，方便第三方开发者构建和分发与苹果平台相兼容的产品。当然，苹果也有自己的开发论坛（Apple Developer Forum）来支持开发者社区，开发者在论坛上共享和交换技术信息。苹果会定期推出和更新 API、框架和工具，旨在让开发者能够提供更丰富的应用程序体验，并根据 iOS 环境管理他们的业务。[②]

对于散落在全球的独立第三方开发者而言，依托苹果这个世界科技巨头创业的好处显而易见。苹果提供的数字技术工具能显著提高创业者对技术和生产要素的利用效率，创业者发布的产品能够借助苹果顺利进入成熟市场、开展可靠的交易、享受卓越的声誉和保障产品操作的可行性——苹果为数字创业创造了独特优势。

数字创业生态赋能

数字创业生态系统是以一个或多个焦点企业为内核，联结周边各类互补者、合作者而形成的开放创新创业体系，这个生态系统为成百上千的创业者提供新型场景。目前发展非常迅速的电子商务产业、智能手机产业、智能驾驶产业、新能源产业等，正在形成强大的、具有全球竞争力的数字创业生态系统。本部分先分析数字创业生态系统的基本内涵和特征，再解

---

① API是一组命令、函数、协议和对象，程序员基于API可创建软件或与外部系统进行交互。数字平台所有者利用API来创建各种收入流，例如，订阅、许可、免费增值或即用即付等，第三方开发者通过与现有API集成的"混搭"构建新的数字应用程序。

② 资料来源：https://www.apple.com.cn/newsroom/。

构数字创业生态系统的基本要素及其关系结构，进而提出数字创业生态系统的治理机制，旨在展现数字创业整个产业生态的场景。

数字创业生态系统的概念特征

数字创业生态系统以一个或多个焦点企业为内核，企业根据自身创业环境和创业需求，与各类组织和个体建立直接或间接的竞争或者合作关系，进而形成开放生态系统。数字创业生态系统普遍出现于产品或服务核心资源集中于某家或某几家企业的行业，其余参与者通过提供辅助性资源来参与价值创造活动。比如，华为、吉利、海尔、中国中铁等企业依托自身强大的资源、技术、品牌或者制度化能力，吸引了大批、多层级的供应商、客户企业或者互补品提供企业。核心企业对技术研发、工程化和商业化全过程具有主导权，对系统的控制度相对较高，因此可以带动整个行业的技术发展（杨升曦和魏江，2021）。

我们来分析数字创业生态系统的特征。数字创业生态系统是基于核心企业而形成的组织架构、基础设施等，这种生态系统在系统结构、核心主体地位、核心主体身份三方面都呈现出与传统创业生态系统不同的假设，呈现出以下四方面特征。

一是**系统结构多层次性**。数字创业生态系统内部，通过交易机制、分包机制等，围绕核心企业形成多层次结构。其中，焦点企业是核心，周边是各种提供产品或服务的次级参与者，次级参与者可以是规模相对较小的核心企业，并吸引着次次级参与者，由此形成了层层嵌套的供应链体系，也就是瀑布效应。随着创业生态系统的持续扩张，出现了大平台与小平台相互嵌套的多层次结构，为越来越多的个体和企业提供了新技术、新产品或新服务的创业空间和机会。

二是**核心主体角色多元性**。传统创业生态系统往往是无中心的、松散耦合的，是建立在供应链关系和产业相关性基础上的，生态系统的建构者和治理者主要是政府、行业协会等（王凤彬等，2019），各个节点主体以市场交易机制而联结，政府或行业协会基于权威身份控制着生态系统的发展方向，政府通过行政治理手段来调节生态系统内各环节的运作。而在数字创业生态系统中，焦点企业是核心主体，扮演着生态系统的构建者和治理者角色，由此实现了生态系统内核心主体从政府和行业协会向焦点企业的转换。以海尔创业生态系统为例，在其成立到发展的整个过程中，海尔一直扮演着生态系统核心主体的角色，并随着创业活动和环境变化，推动了整个生态系统的演变。

三是**核心企业身份二元性**。在数字创业生态系统中，核心企业、次级参与者和次次级参与者都属于创新创业的主体，各自在生态系统内找到自身定位，通过创新创业活动获取生态系统内的位置。但是，核心企业与次级参与者、次次级参与者的身份有本质区别，那就是核心企业存在身份和关系的双重性，既要担负起系统运行的治理者身份，又要承担起创新创业的主体身份，因此，核心企业同时扮演了裁判员和运动员的角色。这种身份二元性带来的最大问题是核心企业的公信力，其他参与者会担心自己的创新资源被核心主体侵占或"搭便车"而抑制其创新动力和活力。

四是**内外参与者关系复杂性**。在数字创业生态系统中，参与者也存在着身份的多重性，有的参与者是核心企业衍生出来的或者为核心企业股权所控制的，有的参与者则是核心企业的"外围人"，即与核心企业的利益关系比较松散甚至没有直接关系。由此，生态系统内的参与者可以分为外部参与者和内部参与者，通常情况下，两类参与者会在同一个供应链节点上参与竞争，甚至外部参与者在成长过程中会威胁到核心企业和内部参与者的利益，这种情况会加剧数字创业生态系统内参与者关系的复杂性，进而导致内部治理关系的复杂性。

数字创业生态系统的结构特征

数字创业生态系统的结构最简单的表述就是一个平台主带一大帮小兄弟。平台主依靠自主搭建的数字平台，成为创业生态系统中的核心企业，而小兄弟（参与者）则依靠核心企业这棵大树，提供各自的技术、产品和服务。前面分析提到：有的小兄弟是平台主自己养育出来的，我们称之为内部参与者；有的小兄弟是领养来的，我们称之为边缘参与者；有的小兄弟是自己跟进来的，我们称之为外部参与者。这些小兄弟各自的身份和地位不同，导致了它们之间关系的复杂性。无论是内部参与者还是外部参与者，都会在生态系统内参与资源化过程，为核心企业提供潜在资源，为整个生态系统的价值获取和价值实现做出贡献（Adner and Lieberman，2021）。

为了让内外部参与者在创业生态系统内都有持续成长和稳定发展的机会，需要设计好系统的结构体系。杨升曦和魏江（2021）在研究海尔、小米、美的等案例的基础上，根据内外部参与者在系统内角色的不同，将它们分为四种类型：排头军、智囊团、游击队和雇佣兵。排头军是位于核心企业内部、资源禀赋最丰富的一类参与者，具有战略指向性、主导性等特征；智囊团是位于核心企业外部、资源禀赋较为丰富的一类参与者，具有松散耦合、专业化程度高等特征；游击队是位于核心企业内部、资源禀赋较不丰富的一类参与者，具有积极活跃、反应迅速等特征；雇佣兵是位于核心企业外部、资源禀赋最不丰富的一类参与者，具有感知敏锐、执行力高等特征。在数字创业生态系统中，参与者不仅有以外部技术供给方、高校、研究所等为代表的智囊团，有参与系统资源开放共享的用户、消费者等雇佣兵，有核心企业内部衍生的、以研发主体为代表的排头军，还有以创新小微企业为主的游击队，它们既作为独立主体又发挥不同作用，参与到生态系统内的创新创业过程中。

数字创业生态系统的治理机制

为确保整个系统健康有序运行，需要采取有效的治理机制来治理核心主体和各类参与者之间的关系、参与者和参与者之间的关系。治理机制往往表现为一套制度设计，旨在推动参与者的创新创业，提升整个生态系统的创新产出及市场竞争力。常见的治理机制有以下几种。

一是控制机制。控制机制是为了保证创业生态系统的构建与运行，围绕明确目的展开的。常见的控制机制包括合同约束、成员管理、联合制裁等。合同约束是通过参与者之间签订的正式合同，确保参与者按照协议开展活动。但是，由于数字技术的自生长性，数字创业生态系统是一种结构松散的系统，参与者数量众多、来自各个领域且彼此并不熟悉，因此在许多时候不适用正式合同，需要其他非正式控制机制进行补充。成员管理是指核心企业为参与者制定成员准入规则，规定其需要具备的能力和交付的产出，从源头上筛选数字创业生态系统的参与者。联合制裁是指生态系统内的参与者共同对违反规则的成员进行处罚。参与者会联合起来采取行动，包括成立非正式的委员会、内部协调组织等，从而实现共赢共生。

二是激励机制。激励机制的目的在于鼓励参与者进行协同创新创业，让数字创业生态系统能够顺利实现自身目的。然而，由于知识泄露、"搭便车"等现象的存在，许多参与者担忧自己投入的成本得不到回报，并不热衷于进行创新投入。因此，数字创业生态系统需要采取措施来鼓励参与者的投入。其中，收益分配、产权激励和非物质激励是较为常见的激励机制。收益分配是一种事后的激励机制。产权激励则从根源上保障了参与者的利益，在不确定性高的数字创业环境下非常有效，其中，知识产权保护十分重要，旨在保证参与者的知识产权不会被核心企业和其他参与者侵犯。此外，非物质激励是生态系统需要重点考虑的措施，常用的非物质激励手段有内容管理、分享机制、交流机制等，这些机制为参与者构建了良好的生态环境，激励参与者创新创业。

三是协调机制。生态系统中核心企业和参与者各怀动机，业务目标和商业逻辑各不相同，仅靠正式制度来治理，成本高、成效低。围绕生态系统参与者之间的共同世界观或价值观进行自主协调，创造和谐的合作氛围是首选的治理机制。具体来看，协调机制有信任机制、声誉机制、决策共享机制等。信任机制和声誉机制是被广泛关注的非正式治理机制（Boudreau，2010），能让企业在高度不确定的环境下，相信合作伙伴不会损害生态系统的共同利益，因此愿意承担风险与对方进行合作。声誉是长期积累的社会评价，良好的声誉能够让大众更加愿意加入生态系统，良好的成员企业声誉也能让成员企业获得更多来自其他参与者的帮助。此外，决策共享机制指的是核心企业让出部分决策权，让成员企业来参与生态系统决策，能使创业活动更具公平性和可信度，减少合作伙伴之间的矛盾，更好地发挥参与者在特定领域的知识优势（Nambisan and Sawhney，2011）。

数字生态赋能个体和组织创业是数字创业的最显著形式。前面分析了数字创业生态系统的概念特征、结构特征、治理机制等，其为数字创业提供了场景条件。数字创业需要遵循数字生态运行的内在规律，把握创业机会，利用创业资源，组建创业团队，从而最大限度地提高创业成功率。本书后续将专门阐述数字创业生态系统中的创业机制。

数字创业聚焦 1-3

钉钉数字生态化 [①]

钉钉诞生于 2015 年。回顾其发展历程，它最初只是一个以打卡、请假、报销以及内部沟通为核心功能的办公应用软件，随着功能不断完善、生态不断丰满，钉钉实现了在多个社会领域的应用，一步一步构建起涵盖丰富功能的数字化赋能生态，对传统企业的数字化转型、二次创业等起到了关键的推动作用。

在 1.0 和 2.0 版本中，钉钉仅提供一些标准化功能（如 DING 一下、移动考勤等），旨在解决企业的通用问题；在 3.0 和 4.0 版本中，钉钉逐步通过对行业层（如开放平台、外部联系人等）、硬件层（如智能前台、智能投屏等）的完善，开始为不同领域、不同特点的企业提供个性化数字生态设施。这使得生态参与者可以具备相应程度的数字能力，并以深度互动及自主发现的形式挖掘创业机会。例如，2020 年春，由于新冠疫情的影响，社会各团体均无法正常开展工作，只能通过远程办公实现复工、复学。钉钉为企业、政府、学校、医院等生态参与者量身定制了特色的数字化解决方案，帮助它们更好地在外部环境发生巨变时完美"变身"。蒙牛就是受益于钉钉的众多参与者之一，它及时地发现服务行业需要严密监测员工的体温

---

① 资料来源：本书作者对案例企业调研整理而成。

等健康指标，于是和钉钉共同开发了员工打卡功能，并利用该功能实现了对 32 个城市、56 个工厂、80 万个终端门店以及 4.5 万名员工的健康管理。

2020 年 5 月，钉钉发布了 5.1 版本。在该版本中，企业可以按照自己的个性化需求，打造专属数字平台。这里说的"专属"不是换个壳或加个标识的意思，而是为企业定制个性化在线数字平台。企业可以根据需求对专属设计、专属储存、专属安全等模块自行设置，甚至可以自行确定平台的名字。在复星集团，钉钉被称作复星通；在立白集团，钉钉被萌萌地称为嘟嘟……由此可见，钉钉开始从通用性平台走向个性化平台，试图助力每一个群体组织完成自己的个性化数字转型，助力它们完成二次创业。如果说钉钉是新基建，那"专属钉钉"就是数字底座，用户可以通过专供的"钢筋水泥"等数字化材料，搭建属于自己的数字化大厦！

数字经济系统牵引

数字技术创新推动了数字组织变迁，数字组织变迁产生了数字平台和数字创业生态系统，由此实现了从技术创新向产业系统创新的转变，最终形成了以微观企业组织、平台组织和产业生态系统为主体力量的数字经济系统。数字经济系统最典型的组织形态是"平台 + 微粒"的生态组织，也就是政府在推动的"产业大脑 + 未来工厂"模式。数字经济系统发展到高水平阶段就形成了工业互联网，可实现产业数字化和数字产业化的高度融合。一旦数字经济系统建立起来，全球产业竞争格局和经济发展格局将被重新塑造，参与其中的创业个体和组织将在全新的经济发展范式下开展创业活动。要科学认识数字经济系统的基本规律和发展态势，可以从它的基本属性、基本结构和基本格局去分析。

数字经济系统的基本属性

数字经济是继农业经济、工业经济之后的主要经济形态，是以数据资源为关键要素，以数字产业化和产业数字化为协同驱动力，发挥市场在数据资源配置过程中的决定性作用，从而实现公平与效率相统一的新经济形态。数字经济已经成为重组全球要素资源、重塑全球经济结构、改变全球竞争格局的关键力量。数字经济是一个复杂系统，是数字产业系统和数字化赋能传统产业转型后各类产业系统的总和，这些数字产业系统的本质属性就是产业互联网，它是数字经济和实体经济（包括制造业经济和服务业经济）深度融合形成的生产系统。因此，认识数字经济系统的基本属性，可以从产业互联网的特征分析入手。

第一，产业互联网是按照市场经济基本规律运行的产业体系。产业互联网是数字经济系统区别于传统经济系统的最本质差异之一，产业互联网按照"平台（产业大脑）+ 微粒（未来工厂）"的产业组织形态运行，"平台 + 微粒"的产业组织形态是数字经济系统的基础，是参与全球数字经济竞争的主导力量，是实现产业链、供应链和创新链融合的新系统。这个系统显然不可能由政府来主导设计，而是遵循市场规律运行。相较于消费互联网，产业互联网的市场机制设计要复杂得多，产业生产系统具有高度的产品差异性、需求差异性、生产差异性，这决定了产业链上各个节点的连接模式具有高度差异性。因此，不可能依靠政府来设计统一的模块和架构去实现设计、生产和服务的标准化，而只能依靠市场的力量。

第二，产业互联网组织形态具有高度多样性和复杂性。过去 20 多年高速发展的消费互联网，是按照数字平台上的交易机制设计的，为了达成线上交易，产品和服务一般标准化程度比较高，而个性化定制程度高的产品和服务是难以在数字平台上完成的。工业互联网无论是在产业宽度还是在生产垂直度上都具有高度异质性，几乎不可能依靠某个双边平台来完成短距离交易，而需要复杂的行业技术、资源、能力等基础设施来支撑。更由于每个产业都有不同的标准和配套体系，自然形成了产业链不同节点、不同标准、不同品质之间非常复杂的组合关系，形成了不同层次、不同类型的平台组织模式，可为产业链各个节点实现匹配赋能，建设从设计研发到客户需求的全产业链。

第三，工业互联网内部关系结构具有高度复杂性。各类产业互联网内部参与者之间的关系，相较于消费互联网，也是非常复杂的。消费互联网本质上是个市场平台，供应方提供巨量标准化产品和服务，需求方则在市场平台上选择合适的产品或服务，从而完成价值活动。产业互联网本质上是个生产系统，由于一个产品的生产需要几个到几万个不等的组件，而且产品有各种不同的规格和性能，每种规格和性能都需要垂直生产体系。因此，产业互联网是不可能通过设置统一的标准来简单化联结的，而是需要打造高度多样化的 IT 系统来给产业链节点赋能，需要成千上万种组合关系来实现生产制造各个节点的互联互通，这是工业互联网的重点与难点。因此，工业互联网是不可能出现赢者通吃的局面的，需要各行业各领域百花齐放、百家争鸣，这为数字创业创造了海量的机会。

数字经济系统的基本结构

数字经济系统以数字技术基础设施为支撑，以消费互联网与工业互联网等数字平台生态为万物互联载体，以 C 端、B 端百花齐放的应用为场景生态，实现各行业的数字互联互通。数字经济系统至少由三个基本层次构成。

第一，数字基础设施层，具体包括政务云、政务内网、物联网、传感网等。这个层次需要政府和企业长期的共同投入，政府发挥产业政策主导作用，企业发挥投入主体作用。数字基础设施层的最重要模块是数据库，包括政府端数据仓（公共资源交易、金融综合服务、企业码、技术市场交易、信用数据、产业链数据等）、产业端数据仓（基础性数据、企业级数据、行业级数据、区域级数据；工业数据、农业数据、服务业数据）。政府端数据可以由政府掌控，但产业端数据库必须依靠企业。

第二，数字产业平台层。数字产业平台以数据资源为关键要素，集成产业链、供应链、资金链、创新链，融合企业侧和政府侧，贯通生产端和消费端，为企业经营提供数字化赋能，为产业生态提供数字化服务，为经济运行提供数字化治理。数字产业平台是多层次、多类型嵌套的，形成瀑布效应，各产业大类、中类、小类，各细分行业都有各类平台。数字产业平台按照市场机制运行，按照规则和制度做好数据管理。

第三，场景应用层。场景应用层是产业平台使用者和价值实现者，具体包括未来工厂、未来实验室、数字贸易、数字农业、现代服务业、政府部门、产业园区……场景应用属于"万行万业"，绝对不可能像消费互联网那样，依靠几个双边平台就能实现寡头垄断。政府不用太担心垄断。

数字经济系统的基本格局

数字产业平台是各类产业互联网的神经中枢。由于产业互联网的差异性，数字产业平台要因业制宜。产业互联网平台可从行业和领域两维解构（见图 1.3）。其中，跨行业程度是指平台能够赋能的行业范围，跨领域程度是指平台能打通、覆盖的领域范围。

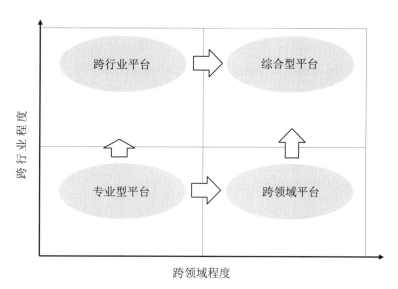

图 1.3　数字产业平台的基本格局

（1）专业型平台。这类数字产业平台跨行业、跨领域程度均不高，专注于单个行业、单个领域，发展特色技术或资源或能力，做精做深。这类平台的数量最多，是工业互联网的广泛参与者和重要基础。

（2）跨领域平台。这类数字产业平台有较高的跨领域程度和较低的跨行业程度，专注于打通单个行业各领域节点，实现全行业赋能。

如陀曼机械基础件平台为新昌县轴承行业全产业链的智能化赋能。

（3）跨行业平台。这类数字产业平台具有较高的跨行业程度和较低的跨领域程度，聚焦于某领域的专业能力，将专精能力赋能多行业。

如科大讯飞"顺风耳"专注于语音、图像等方面的 AI 技术，赋能各行业。

（4）综合型平台。这类数字产业平台跨行业、跨领域程度均较高，打通多领域，赋能多行业，具有很强的综合能力。

比如海尔的卡奥斯，在组织结构上实行员工创客化、组织灵活化，研发、生产、市场、物流、财务、金融等所有节点形成高度灵活的模块化链群结构。在全链打通上，卡奥斯通过高度敏捷的体验链群、用户交互的数字系统等，快速感知终端用户需求，与生产端灵活互动。在工业实践上，卡奥斯建立通用工业机理模型库、工业知识图谱等，整合各节点知识与经验并赋能企业。在区域整合上，卡奥斯联结全球产业节点与产业资源，在区域维度赋能小平台扩张等。

以上四类平台应成为打通工业互联网和消费互联网的中枢系统，从而实现数字经济全赋能。如果基础层是大平台、上述平台为小平台，就形成了大平台与小平台动态互动的良性竞合体系。大平台做共性能力整合者，支持小平台；小平台集中专精行业、领域的独特数据经验与能力，部分反馈给大平台，最终形成共性能力，对接给其他小平台。在数字经济时代，企业不能单打独斗，要连接更广泛的生态参与者，形成百花齐放的生态格局。

为什么说数字经济系统牵引数字创业？以浙江为例，全省布局的"产业大脑＋未来工厂"的产业互联网，覆盖了机械、化工、电子、汽车、能源等行业。这些产业互联网的建立会对现有产业组织内部参与者进行洗牌，为外部参与者进入提供了巨大的机会空间。

数字创业聚焦 1-4

舜云互联打造电机产业大脑引领电机行业数字创业

浙江舜云互联技术有限公司（简称舜云互联）继承了全球著名电机与驱控系统制造商卧龙集团近 40 年的工业制造基因，沉淀了 10 多年的数字化转型和智能制造成功实践，成功打造了舜智云工业互联网平台（简称舜智云），构建了电机产业大脑，面向全球电机及驱控产业上中下游全产业，提供数字化产品及业务运营整体解决方案服务，不仅为产业内外部企业提供大量数字创业机会，还为数字创业活动赋能。

其一，舜云互联通过构建"1+1+N"产品服务体系，打造产业运营数字化底座，面向全球电机及驱控系统产业链，提供 N 个场景的"线上＋线下"业务运营服务，重塑了电机产业链上下游格局以及上下游企业具体的组织、工艺、流程和商业模式，为产业链上的企业提供了大量数字创业机会。目前，已有多家电机及驱控企业在舜智云帮助下实现了数智化转型，包括 EV 电机、微特电机、小型低压电机、中高压电机与驱控企业。

其二，舜云互联还通过开放电机产业大脑的核心组件，为外部企业提供互补于电机产业生态系统的数字产品和数字解决方案的创新创业机会。比如，舜云互联将舜智云的产品全生命周期智慧服务组件向电机产业上、中、下游制造企业开放，大量外部团队和企业得以在制造设备在线监测、远程诊断、运维诊断、能效治理、后市场业务运营管理等具体的智能化工具和解决方案等方面开展互补性创新，这些互补性创新驱动了大量的数字创业活动。

其三，舜云互联还基于强大的信息、资源和能力赋能企业创业，帮助创业企业落地数字创业活动。比如，舜智云金科基于舜智云，依托核心企业的信用，利用区块链和第三方认证技术，提供舜智云证、舜智云融、舜智云租等产品，为产业链上大量缺乏资金的创业型供应商提供安全、可信、开放、高效的供应链金融服务，解决创业过程中由资信不足造成的融资困难问题。

舜云互联自 2022 年舜智云平台 2.0 版正式发布以来，已成功打造 iMotor 设备全生命周期服务、iMom 智能制造 / 未来工厂、iSCC 供应链集采服务、iSCF 供应链金融科技服务、iStore 产业生态赋能服务五大解决方案，上线了 50 个工业 APP，服务 1000 多家上中下游企业，覆盖 10 个以上行业，为数字经济系统建设提供了坚实支撑（见图 1.4）。

生态圈	产业上游生态 大宗原材料供应商、零部件制造商		制造及服务生态 电机生产制造商、专业运维服务商			产业下游用户 行业用户、科研院所、政府机构、金融机构		
场景应用	舜智云门户	舜智云服务	舜智云工厂	舜智云制造	舜智云智采	舜智云金科	舜智云研发	舜智云商城	舜智云生态
	产业地图	智慧监测	数字孪生	生产管理	供需信息发布	舜智云证	仿真分析	电商全流程	APP商店
	产业图谱	智能诊断	工厂看板	能源管理	商品及物料服务	舜智云融	技术分享	增值服务	第三方监测认证
	上市公司年报	专家在线	OEE统计	仓储管理	商品集采服务	舜智云组	研发协同	大数据推荐	教育培训
	行业知识库	就近服务	视频采集	质量管理与追溯	供应商全生命周期管理	信用等级评级系统	共享实验室	交易与支付管理	员工福利
	电机指数	智慧能源	设备管理	采购管理 销售管理	采购流程线上化	清分系统	专利库	会员与促销管理	……

舜智云中台	物联中台	数据中台	应用开发中台	运营中台	算法中台	应用市场
			云基础设施（服务器、存储、网络、虚拟化）			

舜智云盒	有线温振传感器	无线温振一体传感器 （基础版/高级版）	多功能采集智能控制器 （本安隔爆版）	智能数据采集盒	电信号采集器

设备层	电机	变频	压缩机	风泵	水泵	产线设备

图 1.4　舜云互联的产品图谱

资料来源：舜云互联内部资料。

参考文献

[1] 陈德球，胡晴，2022. 数字经济时代下的公司治理研究：范式创新与实践前沿. 管理世界（6）：213-240.

[2] 刘洋，董久钰，魏江，2020. 数字创新管理：理论框架与未来研究. 管理世界（7）：198-217.

[3] 肖红军,2015.共享价值、商业生态圈与企业竞争范式转变.改革（7）：129-141.

[4] 邱泽奇,2020.零工经济：智能时代的工作革命.探索与争鸣（7）：5-8.

[5] 王凤彬，王骁鹏，张驰，2019. 超模块平台组织结构与客制化创业支持——基于海尔向平台组织转型的嵌入式案例研究. 管理世界（2）：121-150，199-200.

[6] 魏江，刘嘉玲，刘洋，2021. 新组织情境下创新战略理论新趋势和新问题. 管理世界（7）：13，182-197.

[7] 杨升曦，魏江，2021. 企业创新生态系统参与者创新研究. 科学学研究（2）：330-346.

[8] 张文魁，2022. 数字经济的内生特性与产业组织. 管理世界（7）：79-90.

[9] Adner R, Lieberman M, 2021. Disruption through complements. Strategy Science(1): 91-109.

[10] Barney J, 1991. Firm resources and sustained competitive advantage. Journal of Management(17): 99-120.

[11] Bharadwaj A, El Sawy O, Pavlou P, et al, 2013. Digital business strategy:

Toward a next generation of insights. MIS Quarterly(2): 471-482.

[12] Boudreau K, 2010. Open platform strategies and innovation: Granting access vs. devolving control. Management Science(10): 1849-1872.

[13] Goldfarb A, Tucker C, 2019. Digital economics. Journal of Economic Literature(57): 3-43.

[14] Nambisan S, 2017. Digital entrepreneurship: Toward a digital technology perspective of entrepreneurship. Entrepreneurship Theory and Practice(6): 1029-1055.

[15] Nambisan S, Lyytinen K, Majchrzak A, et al, 2017. Digital innovation management. MIS Quarterly(1): 223-238.

[16] Nambisan S, Sawhney M, 2011. Orchestration processes in network-centric innovation: Evidence from the field. Academy of Management Perspectives(3): 40-57.

[17] Porter M E, Heppelmann J E, 2014. How smart, connected products are transforming competition. Harvard Business Review(92): 64-88.

[18] Yoo Y, Henfridsson O, Lyytinen K, 2010. The new organizing logic of digital innovation: An agenda for information systems research. Information Systems Research(4): 724-735.

第 2 章

数字创业概念模型

数字技术的蓬勃发展不但为数字技术的产业化带来了巨大机会，也为产业数字化带来了宏大空间。前者是数字技术发展带来的数字创业，后者是数字技术改造原有产业带来的创业机会，包括媒体、娱乐、广告、零售、交通和住宿等服务业数字化的创业机会，以及制造业数字化转型带来的创业机会。大家耳熟能详的数实融合、有组织智造等，就是数字创业的空间。

数字组织的蓬勃发展呈现出越来越美好的创业画卷，如谷歌、亚马逊、苹果等的发展，把各种创业机会推送到我们面前。数字创业案例喷涌而出，归功于数字技术的高频创新，归功于数据要素的应用发展，归功于数字平台的创新创业赋能。目前，数字创业呈现集群化创业、生态化创业、平台化创业等新模式。中国信通院测算，2021 年，47 个国家的数字经济增加值规模已达到 38.1 万亿美元，占 GDP 比重高达 45%。2022 年，我国数字经济规模达 50.2 万亿元，稳居世界第二，占 GDP 比重提升至 42%。这些经济价值有 40% 左右来自数字技术创新创业，60% 左右来自传统产业数字化转型。

那么，数字技术和数据要素是如何驱动个体和企业创业的？它们如何改变了创业的基本范式？数字创业的本质特征相对于传统创业有何新的变化？为厘清这些问题，本章从数字创业的概念特征分析出发，阐述了数字创业的本质内涵，提出了数字创业的基本模型和基本特征，为后续内容的展开提供了基础的理论铺垫。

数字创业概念特征

创业是一个识别、评估和利用机会的过程，创业活动的基本前提是对机会的把握。数字技术的涌现和数据要素已经改变了创业机会与创业实践模式。例如，创业者可以利用数字技术，使各类技术元素实现高效重组和拓展，快速连接其他新产品或新功能，创业者可便捷地与多方参与者实现价值共创（Zaheer et al.，2019；蔡莉等，2022）。我们把以数字技术和数据要素作为基础的创业活动统称为数字创业。现在，我们需要分析数字技术和数据要素有什么独特的魅力，能为数字创业提供什么机会。

数字技术的特性

数字技术具有数据同质化、可重新编程性和可供性三个递进特性（刘洋等，2020；Ciriello et al.，2018；Yoo et al.，2010）。数据同质化指的是数字技术将有形式的信息，如声音和图像，转化为二进制数字 0 和 1 进行处理，各个创业者都可以利用数字技术分享这些信息，使数据在操作中变得相似化。比如，我们在社交媒体上看到的图片和视频，这些信息可以被数字技术处理成计算机能够理解和处理的形式，实现数据同质化，让数字系统内的个体和组织可以平等地分享数据资源。因此，数据同质化有助于数据收集、分析与处理，从而实现不断的迭代创新以支撑创业活动。

可重新编程性强调数字技术能够同时存储和处理数据，通过编程或重新编程，为各类数据使用者提供便利（Yoo et al., 2012）。这意味着数字技术可以根据不同的需求进行调整，为用户提供更个性化的体验，从而为创新和创业的民主化提供技术支撑。举例来说，智能音箱可以通过更新软件来添加新功能，或者通过学习用户的习惯提供更智能的服务，因此，在相同的智能音箱基础上，不同创业者通过加载各自的功能，实现定制化创业。

基于数据同质化和可重新编程性，数字技术呈现出第三个特征——可供性。可供性意味着不同的组织和个体可以共用相同的数字技术，实现不同的目标。比如，今日头条通过对用户在手机上使用社交媒体所产生的大数据进行分析，可降低运营成本并实现内容的个性化推送。再如，喜马拉雅通过算法与大量创作者建立联系，创造了海量实时真实数据，从而为用户提供更丰富的音频内容。

数字创业的定义

数字技术的三大特性映射在组织和个体创业行为上，会衍生出全新的创业内涵和行为特征（Nambisan et al., 2017；Zaheer et al., 2019）。目前，创业领域学者主要从研究领域、主体要素、创业过程、创业结果、资源要素、手段要素等视角对数字创业进行内涵界定（见表2.1）。如余江等（2018）从机会视角将数字创业定义为大量使用数字化技术和社交媒体以及其他新兴信息通信技术参与创业机会的识别、发展、实现和改进的过程。Steininger（2019）基于资源要素视角，将数字创业定义为以无处不在的方式利用IT的新企业，实现了IT驱动或数字模式驱动的创业。多数研究从创业过程和结果来定义数字创业，重点强调数字创业包含的机会识别、评估和利用，以及价值创造、分配和获取等方面。

表2.1　数字创业的内涵

视角	内涵	来源
研究视角	数字创业是数字技术和创业的交叉领域	Nambisan，2017
	数字创业是数字技术与传统创业过程和结果的交集	Berger et al.，2021
机会视角	数字创业是基于对数字媒体和信息技术的使用来寻求机会	Davidson and Vaast，2010
	数字创业是大量使用数字化技术和社交媒体及其他新兴信息通信技术参与创业机会识别、发展、实现和改进的过程	余江等，2018
	数字创业是指创业者在数字平台系统中开发机会、创造和分配价值的过程	Nambisan and Baron，2021；Guthrie，2014
过程视角	数字创业是指通过创造新的数字技术，或利用这些技术对现有企业进行风险投资和改造的过程	Shen et al.，2018
	数字创业是指创建一个新企业以通过电子网络生产和创造数字产品获得收入的过程	McMullen and Dimov，2013
	数字创业是将数字新创企业作为一项新业务进行创建或在一家已成立的企业内部创建新业务的过程	Zaheer et al.，2019
	数字创业是指创业者将数字技术用于创业活动和风险开发的过程	Geissinger et al.，2019

续表

视角	内涵	来源
资源要素视角	数字初创企业是指以无处不在的方式利用 IT 的新企业，它们完全是 IT 驱动或数字模式驱动的	Steininger，2019
	数字创业是通过互联网和信息通信技术等技术，调和传统业务与新的创造和经营方式的过程	Le Dinh et al.，2018；Hair et al.，2012
	数字创业可以被定义为部分或全部创业活动以数字形式进行，而不是以更传统的形式进行	Schiavone et al.，2020
手段要素视角	数字创业可被广义定义为通过开发新的数字技术或者数字技术新的使用方法，创建新的企业，改造现有企业	Ferreira et al.，2018
	数字创业可被视为由技术变革导致的创业企业在商业和制度领域的战略机动过程	Elia et al.，2020
	数字创业是指传统组织中部分或全部实体被数字化的过程	Andrea et al.，2019
主体要素视角	数字创业是由数字技术和持续监控活动流的人所组成的组织	Sussan and Acs，2017
	数字创业包括商业的、社会的、政府的和公司的任何形式的使用数字技术的代理	Qi，2018；Song，2019

资料来源：郭海等（2021）。

　　我们从创业核心要素的角度来界定数字创业内涵，因为对一个概念的内涵界定，从本体论和方法论视角观察会比较直观。本书从创业主体、创业资源、创业机会三个核心要素来定义数字创业，认为数字创业是指组织或个体通过使用数字技术来有效获取、处理、分发与应用数字信息和数据要素，寻求和利用数字产业化与产业数字化的机会，实现整合资源、构建团队、创造价值的过程。这一定义有三方面特性。

　　第一，数字技术赋能机会。无论是个体还是组织皆可利用信息、计算、沟通和连接技术的组合，如互联网、大数据、云计算、人工智能、区块链等技术，实现同质化数据的可编程性，还可以利用新一代人工智能，实现人机交互下的创业机会创造。

第二，创业过程高度压缩。数字创业强调创业过程中对数字技术的应用，通过数字技术和数据要素建构起数字平台体系与技术基础设施体系（如物联网、5G、算力算法、传输应用等）后，创业者就可以利用创业生态，快速实现资源组合、机会组合和行为协同，让创业过程大大缩短，创业效率大大提高。

第三，创业要素快速耦合。数字技术在创业过程中的广泛应用改变了传统创业的线性过程，各类创业者可以利用数字技术基础设施，在最短时间内汇聚起人才、资金、技术、市场、客户。这改变了创业机会开发、创业资源获取、创业团队认知互动的底层逻辑。

以上三个数字创业特性凸显了数字技术作为数字创业核心要素的地位，使得传统创业的创业机会、创业资源和创业团队三要素论，发展成为数字创业机会、数字创业资源、数字创业团队和数字技术赋能四要素论。正是由于数字技术要素的出现，创业组织才突破了组织边界、行业边界，出现了创业组织的平台型、生态型演化，同时，数字创业随之呈现四大特征。

一是机会涌现化。数字技术的涌现实现了数字产业化和产业数字化，新兴技术的出现也使创业者越来越年轻化。

二是创业集群化。产业组织呈现出平台化、生态化趋势，平台快速提供创业资源和创业需求，让创业者大量汇聚在数字平台所提供的生态系统中，"数字让创业不再难"。

三是创业资源化。平台除了提供创业机会、创业需求，还提供了创业所需要的人力资源、生产要素、数据要素的生态化汇聚，基于数字平台的生态系统成为"资源聚宝盆"，为创业者高效、低成本地提供创业资源要素。

四是团队虚拟化。虚拟社区、孪生世界、线上交互，让创业过程越来越快捷高效，创业活动越来越扁平。元宇宙的出现，将使年轻人可以足不出户参与创业活动。

数字创业基本模型

数字创业基本模型的提出

数字创业所展现的一系列新特征为创业过程中的各类要素，如创业资源等，赋予了新内涵，进而重塑了经典创业理论与模型。由 Timmons（1994）提出的经典创业过程模型（见图 2.1），强调创业机会、创业资源和创业团队是构成创业过程的关键要素，且这三类要素的配置处于高度动态平衡的过程中。在 Timmons（1994）的模型中，创业机会是构成创业过程的核心要素，创业的核心是发现和开发机会，并利用机会进行创业活动。创业资源是创业过程的必要支持。创业团队是创业过程中发现和开发机会、整合资源的主体，是创业企业的关键组成要素。创业活动一般始于创业机会，创业者在组成创业团队后取得必要资源，创业计划才能够顺利实施。

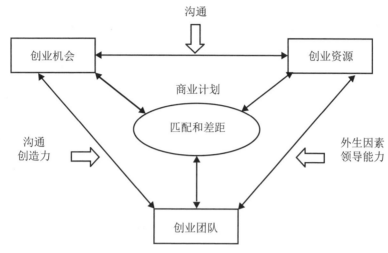

图 2.1　Timmons（1994）的经典创业过程模型

在数字时代，大数据、云计算、人工智能等数字技术从本质上重塑了创业过程与后果，从根本上改变了创业企业资源获取、创业机会开发、创业团队认知与互动的底层逻辑，突破了 Timmons（1994）的经典创业过程模型，挑战了创业理论的基本假设，使创业要素不断被重构，由以往的三要素（创业机会、创业资源、创业团队）拓展为四要素（创业机会、创业资源、创业者、数字技术）。为清晰认识数字创业要素，我们结合 Timmons（1994）的经典创业过程模型以及数字创业特征，构建了如图 2.2 所示的数字创业基本模型。

在图 2.2 中，由数字技术发展引致的数字平台组织、数字生态系统、数字基础设施不再仅仅是被利用的技术要素，而是创业的特殊要素，其最大的特殊性在于数字技术转化为数字组织交互的平台、人机交互平台和人际交互平台，实现机会涌现化、创业资源化、团队虚拟化、创业集群化，这些基本要素源于数字技术和数据要素，进而形成以平台企业为核心的数字

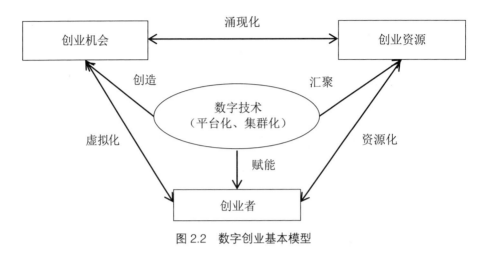

图 2.2　数字创业基本模型

创业生态系统。

　　数字技术成为创业要素后，数字创业的四要素产生以下基本特征。

　　一是机会涌现化。创业机会可以依托生态系统而持续出现在创业者面前，生态系统中的创业机会无处不在，当创业者、创业资源和客户汇聚交互后，数字平台就会源源不断地为创业者提供产品和服务等的供应机会。一旦平台企业发展出数字商业生态，各种创业机会几乎会涌现在创业者面前。

　　二是创业资源化。数字技术和数据要素既可以汇聚各类资源，根据机会需求实现要素资源化，还可以通过精准推送、精准营销、需求创造，为数字创业者提供资源要素。因为人、资金、信息、数据、技术、客户、供应商都汇聚在数字平台上，通过数字技术可以实现创业需求和资源供给的快速匹配，比如支持创业者实现拼凑式创业，创业资源主动汇聚在创业活动周边。

　　三是团队虚拟化。数字生态系统内"生活"着各类创新创业人才，创业者可以依托开放的平台系统和生态系统发现合作伙伴，甚至出现虚拟合作创业者，如开源社区内的创业伙伴可能都没有见过面，却可以建构起合作关系。

四是创业集群化。生态系统或者平台组织直接运用数字技术基础设施，为创业者提供相应的交易平台，甚至用技术直接为创业者引流，形成创业群落。比如，在网红直播中，当平台主认为创业活动与平台有互补性，就会通过数字技术为大网红创业引流。像大家熟知的李子柒等大网红，其成功背后都有平台引流的功劳。

数字创业基本模型的解构

接下来，我们对数字创业四要素进行具体解构，阐述其对数字创业的作用机理。

第一，数字创业机会要素。

数字技术发展正在改写创业格局。传统创业机会通常源于个体先前经验、新技术、新知识与新市场机会，注重主观能动性。数字创业机会侧重对行业的市场分析，包括数字技术与产品、服务重构创造的市场，用户参与导致的创新，新场景下出现的新应用机会等。

数字技术一是改变了机会识别。借助数字技术的关联性特征，数字创业者能与多种参与者进行广泛的互联互通，在与多种参与者互动过程中更容易获得知识和信息，从而快速识别潜在市场需求和创业机会，开展创业实验与学习(Huang et al., 2017; Paul et al., 2023)。二是改变了机会利用方式。数字技术提供了远程协作与数字沟通工具，使全球范围内的团队协作沟通、机会利用成为可能。同时，大数据、人工智能等数字技术也为创业者提供了流程优化与需求预测服务，使创业者可以更精准地满足客户需求。三是改变了创业者与客户的交互方式，使创业者可以通过数字技术与客户进行直接互动，并提供及时、个性化的在线服务以更好地满足客户需求、提升用户体验。

第二，数字创业资源要素。

传统创业资源主要涉及运营型资源和知识型资源，创业者利用自身社会关系网络以资源拼凑的方式进行整合利用。由于资源相对有限，沟通成本和资源拼凑成本较高。数字时代的组织系统打破了时空界限，通过生态赋能，不但持续为创业活动提供资源和生产要素，还提供具备虚拟性、低成本复制性和主体多元性的数据要素。比如，数字创业者可以利用丰富的虚拟化和实体化平台，获得产品数据、行业数据、市场数据等创业核心资源。数字技术改变创业者资源获取、配置与利用方式，主要体现在两个方面。

一是资源获取。数字技术强化了创业资源的可获得性。数字技术的关联性使创业者能突破地理、行业等限制，在全球范围内搜寻和获取各类资源、创意与投资（Zahra and Nambisan, 2011）。例如，Kickstarter 等众筹系统可以帮助创业企业在全球范围内获取资金、知识等创业资源。借助数字技术，创业者可以与多种参与者实现有效沟通与互动，扩大资源利用范围，并赋予资源新的利用方式（Amit and Han, 2017）。

二是资源配置。数字技术的开放性、关联性和可拓展性可以提高资源配置效率，增加产品和服务测试渠道，简化数据收集、分析与解释过程，提高资源配置和价值创造能力。例如，Keep 利用 AI 技术，结合 APP、智能硬件采集了大量用户数据资源，建立了用户画像体系，以更好地了解用户运动偏好，为用户提供更完善的训练计划。滴滴基于移动互联网技术等数字平台，提升了创业的灵活性和可变性。数字技术使得 Airbnb 和滴滴在不拥有客房与汽车的前提下能够突破时间和空间的约束，灵活地进行资源配置。

数字创业聚焦 2-1

小未科技数字创业之路 [①]

小未科技于 2017 年正式创立，以自主产品"灵灵狗"智能门锁为引领，很快赢得业界与市场的瞩目。创始人王军敏锐地察觉到智能家居市场的瓶颈：各种产品缺乏有效互联性，消费者渴望一个数字平台，能够整合和智能控制所有设备。在 5G 和 AI 技术迅速发展的大势下，智能家居成为大势所趋。因此，小未科技确定了构建智能家居生态圈的发展方向，致力于打造感知用户需求、提供个性化智能服务的全屋智能家居系统产品。

小未科技围绕智能门锁的功能和使用场景，精心梳理产品需求、进行研发设计、确定生产制造业务逻辑，试图找到市场机会的突破口。首先，门锁作为区分外部与家庭界限的关键组成部分，激发了人们对智能控制更多家居产品的愿望。在不同使用习惯和场景下，智能家居产品可以实现各种排列组合。其次，智能门锁属于家庭安防产品，可以满足家居安全需求。然而，当时的智能家庭安防市场仍然碎片化，消费者急需一套一站式的解决方案。

基于这一认识，小未科技以智能门锁为核心，打造了小未智能系统，构建了集安防、节能、照明、家电等功能于一体的智能家居生态。将智能

---

① 资料来源：中国管理案例共享中心（汪玥琦、赵子溢、胡辰光：《藏器于身，伺时而动：王军与小未科技的数字化创业之旅》）。

门锁打造成开启智能家居生活的钥匙，与安防监控、网关中控、厨房电器、节能能源、电工照明等 14 个品类超过 400 种产品相连接，覆盖用户生活的各个方面。用户可以通过一个 APP 智能操控多种产品，实现数据共享与互联互通。这使得小未科技在数字时代的智能家居领域快速占领创业制高点。未来，小未科技计划打造"小未云"云平台，实现数据在"小未云"和产品硬件之间的互联互传，促进小未科技与硬件厂商之间的共通共享，从而吸引更多硬件厂商的加入，共同构建数字化的生活方式。小未科技借助数字技术精准定位了客户需求并成功抓住了数字时代的创业机会，还通过数字平台打通了各类创业资源，突破了组织、产品和空间的限制。

第三，数字创业团队要素。

在数字经济时代，创业越来越呈现民主化趋势，无论是个体还是组织，抑或是大公司，都可以实现同台创业。数字创业团队呈现以下特征。

一是创业民主化。创业团队不同于传统科层制组织，出现了以个体为中心的网络组织，使组织架构和合作网络走向扁平化，还可以虚拟团队或平台型组织的形式实现线上线下联动。比如，现在出现的大量开放社区，不管是做游戏的、做音乐的还是做设计的，让大家来去自由、合作自由、组织自由，越来越为年轻人所喜欢。

二是创业集群化。数字创业组织出现集群化特征，大量创业者汇集在跨边界的创业平台、创业生态系统周边，不断拓展企业参与创新创业的方式和范围，并吸引周边企业不断汇集在平台组织周围，吸纳了广泛多样的创业主体，形成了开放共生的数字创业生态。

三是创业生态化。除了面向终端需求的产品和服务创业，还涌现出公司风险投资、公司衍生创业、孵化器或加速器创业等，焦点企业不断拓展平台网络，搭建创新创业生态系统等（张玉利等，2021），各类跨行业的创业持续涌现。例如，三一集团就体外孵化了树根互联这一工业互联网平台，利用数字技术赋能集团全价值链数字化转型，打造了覆盖多个场景的智能解决方案，为生态系统内各类创业企业提供技术赋能。

数字技术不但为个体创业者赋能，还赋予创业团队新内涵。随着数字孪生、人工智能等数字技术的升级，虚拟世界成为新的创业场地，创业主体以虚拟人形式开展创业活动。在创业团队变化上出现了三个趋势。

一是团队松耦合化。数字技术的开放性和可编程性使创业主体由"预定义、目的明确的个体或团队"转变为"弱预设性、模糊性的个体或团队"，即创业者可以来自世界各地，也可以在创业活动的任何阶段加入，将原本单一主体的流程转变成多主体共同参与创造的过程。

二是团队人机共生。数字技术改变了创业新空间，将人工智能、区块链、5G、数字孪生、虚拟现实、先进计算等新一代信息技术集大成的元宇宙，可以将分散在全球的创业者汇集在虚拟世界中，使数字创业团体呈现人机共生、无定形的数字化特征。

三是决策科学化。创业团队借助数字技术在虚拟世界中对创业决策进行模拟和试验，减弱有限理性和信息不对称的约束。数字技术在虚拟世界为创业团队实现高效协同与互动提供技术支撑（贾建锋和刘梦含，2021）。例如，华润创业的数字化团队借助数字化技术促进线上应用服务和线下渠道的紧密关联，助力升级数智时代消费体验。

第四，数字创业技术要素。

数字技术平台作为一种新的创业要素，丰富了 Timmons（1994）的经典创业过程模型的内涵。在传统创业模型中，技术是被动的使用工具，而在数字创业生态系统中，数字技术成为"新基建"，在创新过程中采用信息、计算、沟通和连接技术的组合，推动创业者进行新产品创意、生产过程改进、组织模式变革、商业模式创建等（刘洋等，2020；Nambisan，2017）。由数字技术带来的平台系统突破了企业产品与服务原有的边界、机制、过程和结果之间关系的基本假设，改变了产品与服务的特征、功能与逻辑（Yoo et al.，2012；Nambisan，2017）。具体表现在以下三个方面。

一是产品特性。数字技术可以嵌入企业传统产品与服务，拓展其边界和应用场景，赋予其自演化、自生长属性（刘洋等，2020；Sahut et al.，2021）。在功能方面，数字技术具有可编辑性，可以使数字技术与在位企业的知识相关联，并通过对数字元素的重新组合赋予产品新功能，以满足顾客的新需求。

二是创业逻辑。数字技术应用使创新过程中时间与空间的边界发生改变，有可能颠覆企业产品体系架构以及原有创新流程框架。例如，美的借助数字技术推进了智能制造的跨越式战略变革，构建了人与智能系统交互学习的模式，驱动了智能化创新。

三是商业逻辑。数字技术通过改变企业价值创造、价值获取的方式来重塑商业模式（Yoo et al.，2012）。因为数字资源是数字创新的组成模块，在位企业通过组合创新可以拓展数字资源的创造路径，并创造新的价值主张，重新定义其价值网络并创新商业模式。

数字创业基本模型的运用条件

运用数字创业基本模型需要注意三方面的条件。

第一，采用数字技术。

数字技术包括数字产品、数字平台、数字基础设施。其中，数字产品主要指由数字组件、应用程序或媒体内容所构成的新产品或服务，为终端用户提供特定功能或价值。数字平台是一组共享的公共服务或架构，用于提供互补产品（Tiwana et al.，2010）。数字基础设施是指数字技术工具和系统，提供通信、协作和计算能力以支持创新和创业活动（Nambisan，2017）。数字技术对不同类型的创业施加显著影响。例如：特斯拉通过改变数字组件为客户引进新的功能和价值；苹果通过 iOS 平台实现与用户、互补者的互联互通，重塑创业空间与边界。

第二，构建数字能力。

数字创业能力体现了数字创业者所具备的数字概念能力、机会开发与资源利用能力，使得数字创业者能够快速洞察数字创业局势，高效挖掘整合可用资源。持续检测、资源众包、分类排序、勘探挖掘、资源嫁接、资源简化六环节相互配合，构成企业资源编排能力，激发数字企业资源整合潜力，赋能新企业突破资源困境，实现数字创业机会高效识别与开发（Amit and Han，2017）。

第三，数字平台支撑。

数字平台创业既包括平台主创业，也包括平台互补者创业。数字平台为创业者提供两类赋能。一是对平台主创业赋能。数字平台能为平台主提供结构赋能、领导赋能、资源赋能、文化赋能、数据赋能等。例如：海尔作为海创汇的平台主，依托数字技术构建 HOPE、卡奥斯等平台，汇集投资、供应链、渠道、创新技术等一站式平台服务；猪八戒网基于生产性服务平台连接供需双方，通过动态整合资源、即时共享数据促进创业者和创业资源之间互联互通；钉钉则展现出"协同赋能—生态赋能—场景赋能"的动态演化逻辑，通过在组织层、行业层、场景层的赋能基础设施布局，对群体组织进行全方位赋能。二是对互补者创业赋能。作为共创主体的数字平台，赋能各参与者实现价值共创（陈威如和王节祥，2021）。例如，钉钉与洛可可以双边共创式赋能的模式，通过互融、共生和自主的过程，动态实现平台主与互补者的交互赋能。互补者可以从单方面依赖平台赋能，到与平台共建新价值主张和商业模式，再到推进更大范围网络与能力要素的解构与重组，完成多平台嵌套协作架构的转化。

数字创业聚焦 2-2

小米生态链与互补者的价值共创 [①]

在小米创始人雷军看来，智能硬件及互联互通的物联网是继智能手机之后的又一大风口，因此在 2013 年小米手机业务取得突破之后，他果断做出了一个重要的战略决定——用投资的方式孵化生产智能硬件的 100 家公司，把小米从一艘大船变成一个舰队。凭借出色的供应链、工业设计、品牌热度和渠道体量优势，在短短六年时间内，小米便快速搭建起以手机为中心的智能生活全品类生态圈，并凭借"生态链赋能生活方式"成功跻身福布斯 2018 年中国 50 家最具创新力企业。截至 2019 年，小米已投资超过 290 家公司，其中有 90 家从事智能硬件及生活消费品研发，总账面价值约为 300 亿元。全球第一的移动电源、空气净化器厂商和平衡车公司以及中国市场第一的智能穿戴设备公司均来自小米生态互补者（也称作生态链

---

① 资料来源：郭艳婷，2021."退可守、进可攻"？小米生态互补者的战略抉择.清华管理评论（Z1）：64-70。

企业）。

生态链企业之所以能够快速成长，很大程度上得益于与小米结盟后获得的组织背书与资源支持。从合作模式来看，小米主要采用投资的方式与之实现利益捆绑。为了保持创业团队的激情和创造力，小米参股不控股，投资比例一般为 20%—40%。此外，在小米内部有一支约 200 人的生态链团队，提供从产品规划、工业设计、质量管理到供应链资源的全方位指导，帮助这些企业做大，并在此过程中完成对生态链企业的价值观、产品观和方法论的传导。

作为生态链企业，绿米于 2014 年加入小米生态链后，与平台主小米携手打造了多功能网关、小米无线开关和智能插座等系列产品，在智能家庭市场站稳了脚跟，随后又快速推出以全屋智能为理念的自有品牌 Aqara。此外，绿米还率先建立了包含方案展示、产品销售、个性服务和用户反馈的智能家居 4S 服务体系，以服务促进智能家居的落地，较小米之家在个性化定制和场景体验方面更进一步，为整套智能家居方案提供基础。由此，绿米不再单纯依靠硬件作为入口，而是通过一系列智能家居产品以及服务商模式，搭建从硬件到服务的智能家居方案，与平台主实现了价值共创。

数字创业基本特征

不同时代具有不同的商业逻辑和发展重点。数字技术的涌现催生了新的数字创业机会、资源、组织形态和交易方式。在数字经济时代，**数字创业呈现出机会涌现化、创业资源化、团队虚拟化、创业集群化四大基本特征**（见图 2.3）。

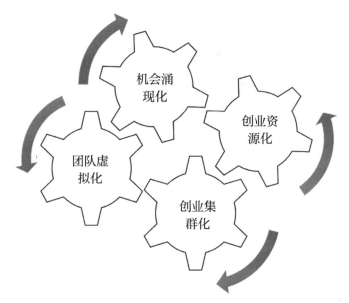

图 2.3　数字创业的基本特征

机会涌现化

机会涌现化是指数字技术蓬勃发展，催生了新产业、新业态、新场景、新模式。数字创业作为数字技术与创业相融合的新现象，改变了实体经济形态和产业布局，创造了广泛的创业机会。例如，产业数字化和数字产业化使创业大众化成为可能。

首先，数字技术促进了技术创新，数字技术应用为创业者创造了新商业机会。线上购物、在线教育、远程医疗等数字化服务正在逐渐取代传统服务方式，为创业者提供了广阔的市场机会。比如：创业者可以利用人工智能技术开发智能化的产品或服务；区块链技术应用使得金融、医疗等领域产生新商业模式；5G 技术为创业者提供虚拟现实、增强现实服务。

其次，数字技术通过数字产业化和产业数字化两种路径，催生了新产业、新业态、新模式。一方面，数字产业化促进技术创新与管理创新、商业模式创新融合，不断催生新产业、新业态、新模式，最终发展为数字产业链和产业集群；另一方面，产业数字化将数字技术与传统产业相融合，使更多企业通过数字转型创造竞争优势和创业机会。

最后，数字技术推动了创业者的年轻化趋势。数字技术本来就是属于年轻人的技术，为年轻人不断创造新职业，提供新创业空间。作为"互联网原住民"的青年群体，更容易接受和使用新鲜事物，利用数字技术带来的创业机会，快速成为数字平台创业中的一股中坚力量。根据《2023 数字生态青年就业创业发展报告》发布的数据，在微信数字生态的从业人员中，35 岁以下青年人的就业比例在 56.8% 左右。其中，在小程序开发者和小程序服务商从业人员中，青年人占比更是分别高达 73.4% 和 67.1%。

创业资源化

创业资源化是指数字平台或数字生态系统中蕴含丰富的传统生产要素和数据要素，这些资源要素为创业活动提供资源赋能。传统组织边界、行业边界的瓦解，塑造出数字平台、数字生态组织，不仅创造了创业机会，更是为创业提供了人力资源、传统生产要素、数据要素。依托数字生态系统资源赋能，创业者可以高效、低成本地获取创业资源。

数字平台和数字生态系统作为数字创业活动的新场景，已经成为数字创业的能源泵。以数字生态系统为代表的新兴组织形态在拓展边界（组织边界、地理边界、心理边界）时，自动接收了不同参与者带来的各类信息、资源、人力和资金等。因此，数字生态系统中的单个创业企业可以获取、整合远超自身体量的资源，这为创业提供了坚实的基础。与以往的创业资源相比，数字创业资源最为突出的变化是，数字生态系统中蕴含着各类主体在生产、经营、管理、服务、消费等过程中产生的大量数据资源。这些数据资源对推动生产力发展具有突出价值，已成为继土地、劳动、资本、技术等传统要素后的第五大新生产要素。而数据资源是释放数据要素价值的原材料。数字平台凭借自身的数字技术和大数据优势，将数据资源转化为具有价值的数据要素，以为创业者提供关键市场信息的方式，帮助其更好地利用创业机会。

此外，在数字生态系统拓展边界时，创业者与系统内供应商、互补者、顾客等之间的交流日益密切。创业者可以借助平台与用户互动，了解用户需求，并基于平台提供的数据要素使创业活动更好地围绕用户需求而展开，避免将有限的资源投入在满足客户的"伪需求"上，降低了创业者创新产品与服务失败的概率。

团队虚拟化

团队虚拟化是指数字创业者在数字平台或数字生态系统中进行线上交互，创业者的创业活动呈现多样性、虚拟化趋势。数字技术的连接性打破了创业的时间和空间界限，改变了组织参与创业活动的互动模式。随着数字孪生、人工智能、虚拟现实等技术的发展，虚拟社区、孪生世界、线上交互等新组织应运而生，由其构建的虚拟世界已成为数字创业的新网络空间。在虚拟世界中，创业者不再以实体形式存在，而是以虚拟人的形态开展创业活动，使创业活动具有高度动态性、开放性和灵活性的特点，具体表现如下。

首先，高度动态性是指在虚拟空间里，创业团队利用数字孪生技术，可以在非工作时间和非工作地点开展创业活动，这赋予创业者更开放、更自由的工作方式，例如新冠疫情防控期间兴起的远程办公模式。其次，开放性是指虚拟世界不单汇集了大量数字资源，还有助于数字创业者在其中进行要素交换、资源共享、信息交流、知识扩散和战略协作。最后，灵活性是指在虚拟世界中，创业者利用数字技术的感知性，通过大数据迅速分析并捕捉机会，从而在动态、复杂和多元的数字虚拟环境中及时获取信息、更新创业战略。

数字创业聚焦 2-3

元宇宙提供创业新赛道

元宇宙为创业者提供了完全虚拟的世界。在这里，创业者可以随时化身为虚拟人进行数字创业，这使数字团队虚拟化特征愈发明显。随着 5G、AI、虚拟人等技术的升级，虚拟和现实日渐融合。元宇宙概念的提出回应了未来数字世界发展的这一趋势。元宇宙作为以人为中心的、沉浸式的、实时永续的、具备互操作性的互联网新业态，将催生 3D 虚实融合的数字体验，是新一代信息技术集成创新和应用的未来产业，也是数字经济与实体经济融合的高级形态。

元宇宙是由一系列独立的虚拟世界融合而成的 3D 虚拟世界网络。元宇宙巨大的潜在市场为创业者提供了广阔的发展空间，其中产生的大量数据也为创业者提供了丰富的商业机会。在元宇宙中，创业者利用数字化身嵌入到全息场景中，能够实现沉浸式创业过程（陆亮亮等，2023）。元宇宙所承载的"虚拟—现实"社交功能，与当代年轻人喜爱的"线上＋线下"社交模式十分契合。在未来的元宇宙中，年轻人可以遨游其中，通过虚拟角色自由地沟通、交流、工作、娱乐等，甚至实现足不出户的创业活动。

创业集群化

创业集群化是指数字平台、数字生态系统吸引并汇集了大量创业者，数字创业活动多数发生于数字平台、数字生态系统中。不同于传统科层制组织或以个体为中心的网络组织，数字创业组织呈现平台化、生态化特征，打破了创业边界，降低了创业难度，让创业者大量汇集在数字平台所提供的生态系统中，使数字创业呈现创业集群化特征。

创业集群化的首要优势是数字平台能为创业者快速提供创业资源。基于数字技术支持的数字平台具有开放性，数字生态系统可以为创业者提供低成本接触外部资源的机会。利用数字技术的可复制性和可拓展性，数字生态系统直接为创业者迅速提供创业所需的资源。创业者凭借这些资源可以实现创业机会与创业资源的精准匹配。此时，创业者与数字生态系统中的利益相关者亦能有效实现价值共创，为数字创业活动提供支撑。

创业集群化的另一优势是将大量创业者汇集在数字生态系统中，使数字创业不再难。创业集群化使数字生态系统的体量变得非常庞大，包含数十个甚至数百个利基市场，源源不断地涌现创业机会，更新市场空间以供创业者进行创业活动。数字生态系统中的创业者之间已非简单的竞争或者合作关系，而是嵌入于复杂的网络结构之中，形成了相互合作、互相依赖、不断进化的相互竞合共生关系。这种关系有助于进一步促进数字创业活动的顺利展开。

数字创业聚焦 2-4 💡

"大树底下好乘凉"的 HOPE①

HOPE（Haier Open Partnership Ecosystem）作为海尔的开放创新平台，是一个创业者聚集的生态社区、一个庞大的资源网络，也是一个支持产品创新的一站式服务平台。许多创业者借助 HOPE 这棵"大树"，如火如荼地开展数字创业活动。自成立以来，HOPE 一直致力于打造全球最大的创新生态系统和全流程创新交互社区。作为海尔开放式创新的接口和载体，HOPE 将高校、科研机构、大公司、创业公司等汇集在一起，截至 2024 年底，已覆盖了百余个核心技术领域。

在这个生态资源网络中，HOPE 既积累了丰富的高校、专家、科研院所等创新资源，也沉淀了用户洞察、需求破题、技术拆解、资源评估等核心方法论。HOPE 通过把技术、知识、创意的供给方与需求方聚集到一起，提供交互场景和工具，促成创新产品和新场景的诞生与迭代，为创业者提供了广泛的创业机会和丰富的创业资源。

已有许多创业者借助 HOPE 持续产出颠覆性创新成果（如 MSA 控氧保鲜冰箱、水洗空调、天樽空调、NOCO 传奇热水器、防干烧燃气灶等）或升级用户体验，实现了生态圈内的共创共赢。

参考文献

[1]　蔡莉，高欣，王永正，等，2022. 数字经济下创新驱动创业的研究范式. 吉林大学社会科学学报（4）：5-20.

[2]　陈威如，王节祥，2021. 依附式升级：平台生态系统中参与者的数字

---

①　资料来源：https://hope.haier.com/#/aboutus/index。

化转型战略.管理世界（10）: 195-214.

[3] 陈雪琳，周冬梅，鲁若愚，2023.平台生态系统中互补者的多边关系研究：理论溯源与框架构建.研究与发展管理（1）: 60-71.

[4] 郭海，杨主恩，2021.从数字技术到数字创业：内涵、特征与内在联系.外国经济与管理（9）: 3-23.

[5] 贾建锋，刘梦含，2021.数字创业团队：内涵、特征与理论框架.研究与发展管理（1）: 101-109.

[6] 刘洋，董久钰，魏江，2020.数字创新管理：理论框架与未来研究.管理世界（7）: 198-217.

[7] 陆亮亮，刘志阳，刘建一，等，2023.元宇宙创业：一种虚实相生的创业新范式.外国经济与管理（3）: 3-22.

[8] 魏江，刘洋，2021.数字创新.北京：机械工业出版社.

[9] 魏江，杨洋，邬爱其，等，2022.数字战略.杭州：浙江大学出版社.

[10] 余江，孟庆时，张越，等，2018.数字创业：数字化时代创业理论和实践的新趋势.科学学研究（10）: 1801-1808.

[11] 张玉利，史宇飞，薛刘洋，2021.数字经济时代大型企业驱动的创业创新实践问题研究.理论与现代化（1）: 14-20.

[12] Amit R, Han X, 2017. Value creation through novel resource configurations in a digitally enabled world. Strategic Entrepreneurship Journal(3): 228-242.

[13] Andrea G, Christofer L, Christian S, et al, 2019. Digital entrepreneurship and field conditions for institutional change: Investigating the enabling role of cities. Technological Forecasting and Social Change(9): 877-886.

[14] Berger E S C, von Briel F, Davidsson P, et al, 2021. Digital or not — The

future of entrepreneurship and innovation: Introduction to the special issue. Journal of Business Research(125): 436-442.

[15] Ciriello R, Richter A, Schwabe G, 2018. Digital innovation. Business & Information Systems Engineering(60): 563-569.

[16] Davidson E, Vaast E, 2010. Digital entrepreneurship and its sociomaterial enactment. Hawaii International Conference on System Sciences, IEEE Computer Society.

[17] Elia G, Margherita A, Passiante G, 2020. Digital entrepreneurship ecosystem: How digital technologies and collective intelligence are reshaping the entrepreneurial process. Technological Forecasting and Social Change(1): 119791.

[18] Ferreira J J M, Fernandes C I, Ferreira F A F, 2018. To be or not to be digital, that is the question: Firm innovation and performance. Journal of Business Research(101): 583-590.

[19] Geissinger A, Laurell C, Sandström C, et al, 2019. Digital entrepreneurship and field conditions for institutional change—Investigating the enabling role of cities. Technological Forecasting and Social Change(146): 877-886.

[20] Guthrie C, 2014. The digital factory: A hands-on learning project in digital entrepreneurship. Journal of Entrepreneurship Education(17): 115-133.

[21] Hair N, Wetsch L R, Hull C E, et al, 2012. Market orientation in digital entrepreneurship: Advantages and challenges in a web 2.0 networked world. International Journal of Innovation and Technology Management(9): 1250045.

[22] Huang J, Henfridsson O, Liu M J, et al, 2017. Growing on steroids. MIS Quarterly (1) : 301-314.

[23] Le Dinh T, Vu M C, Ayayi A, 2018. Towards a living lab for promoting the digital entrepreneurship process. International Journal of Entrepreneurship(22): 1-17.

[24] McMullen J S, Dimov, D, 2013.Time and the entrepreneurial journey: The problems and promise of studying entrepreneurship as a process. Journal of Management Studies(50): 1481-1512.

[25] Nambisan S, 2017. Digital entrepreneurship: Toward a digital technology perspective of entrepreneurship. Entrepreneurship Theory and Practice(6): 1029-1055.

[26] Nambisan S, Baron R A, 2021. On the costs of digital entrepreneurship: Role conflict, stress, and venture performance in digital platform-based ecosystems. Journal of Business Research(125): 520-532.

[27] Paul J, Alhassan I, Binsaif N, et al, 2023. Digital entrepreneurship research: A systematic review. Journal of Business Research(156): 113507.

[28] Qi D J, 2018. Moving a mountain with a teaspoon: Toward a theory of digital entrepreneurship in the regulatory environment. Technological Forecasting and Social Change(1): 923-930.

[29] Sahut J M, Iandoli L, Teulon F, 2021. The age of digital entrepreneurship. Small Business Economics(56): 1159-1169.

[30] Schiavone F, Tutore I, Cucari N, 2020. How digital user innovators become entrepreneurs: A sociomaterial analysis. Technology Analysis & Strategic Management(32): 683-696.

[31] Shen K N, Lindsay V, Xu Y C, 2018. Digital entrepreneurship. Information Systems Journal(28): 1125-1128.

[32] Song A K, 2019. The digital entrepreneurial ecosystem—A critique and reconfiguration. Small Business Economics(53): 569-590.

[33] Steininger D M, 2019. Linking information systems and entrepreneurship: A review and agenda for IT-associated and digital entrepreneurship research. Information Systems Journal(29): 363-407.

[34] Sussan F, Acs Z J, 2017. The digital entrepreneurial ecosystem. Small Business Economics(1): 55-73.

[35] Timmons J A, 1994. New Venture Creation: Entrepreneur ship for the 21st Century. Burr Ridge: Irwin.

[36] Tiwana A, Konsynski B, Bush A A, 2010. Research commentary— Platform evolution: Coevolution of platform architecture, governance, and environmental dynamics. Information Systems Research(4): 675-687.

[37] Yoo Y, Henfridsson O, Lyytinen K, 2010. Research commentary—The new organizing logic of digital innovation: An agenda for information systems research. Information Systems Research(4): 724-735.

[38] Yoo Y, Boland Jr R J, Lyytinen K, et al, 2012. Organizing for innovation in the digitized world. Organization Science(5): 1398-1408.

[39] Zaheer H, Breyer Y, Dumay J, 2019. Digital entrepreneurship: An interdisciplinary structured literature review and research agenda. Technological Forecasting and Social Change(148): 119735.

[40] Zahra S A, Nambisan S, 2011. Entrepreneurship in global innovation ecosystems. AMS Review(1): 4-17.

第 3 章

数字创业机会

　　数字经济的发展已重塑了人们的生活和社交方式，改变了创业的过程和逻辑。在这一过程中，新兴创业者凭借其敏锐的洞察力，运用数字技术，构建起全新商业模式，实现从概念到现实的飞跃。与此同时，传统创业者亦不甘落后，积极拥抱数字化变革，对传统产业进行深度改造，实现从旧有基础向高质量发展的升级。无论是数字产业化，还是产业数字化，都带来了蓬勃发展的数字创业机会，不仅为创业者提供了广阔的舞台，也推动了经济的持续增长。本章将深入探讨数字创业机会的本质与内涵，刻画数字创业与传统创业在机会特征上的显著差异。同时，我们还将探讨数字创业机会从何而来，以及如何有效识别、评估和利用数字创业机会，以期为创业者们在数字时代的征途提供参考。

数字创业机会的概念与特征

数字创业机会是融合大数据分析、社交媒体、云计算、区块链、人工智能等数字技术的各类商业机会，也包括数据要素增值、商业模式变革带来的商业机会。我们把数字创业机会分为两类：数字技术创新带来的创业机会和产业数字化转型带来的机会。那么，数字创业机会如何与数字技术、数据要素融合？其区别于非数字创业机会的本质特征是什么？本部分将围绕以上两个问题开展探讨。

数字技术与数字创业机会

传统创业机会主要来自创业者的个体经验或创业团队对某一市场机会的深挖。融合数字技术的数据同质化、可重新编程性和可供性特征，数字创业机会具有数据驱动、市场导向、交互延展、动态涌现的特征（Grégoire and Shepherd，2012；郭海和杨主恩，2021）。

一是数据驱动。数据已经不再仅仅是企业的附属品和业务衍生品，而已成为开发数字创业机会的宝贵资源。数字创业者不再依赖传统的需求预测和供给组合的方式来寻找新的商机，只需要通过深入挖掘客户行为数据，随时可以在虚拟数字生态空间中发现新的创业机会（郭海和杨主恩，2021）。这一变革赋予了数字创业者前所未有的灵活性与市场覆盖力，使其能够跨越地理界限，高效组织生产，优化交付流程，并轻松将产品与服务推向全球市场而无须构建复杂的分销体系，极大地拓宽了创业机会的边界。

二是市场导向。数字创业机会大多离不开对用户大数据的挖掘，或发现用户尚未被满足的需求，或开发新的用户需求。由于数字技术赋予的灵活性，加之借助大数据分析，数字创业产品和服务的定位变得更为准确。数字创业机会的开发过程往往高度依赖市场用户，根据其反馈实现快速迭代（余江等，2018）。数字技术为大规模用户群体进行自主研发和服务供给提供了能力支持，并由此引发杠杆效应。通过无界互联的平台市场，数字创业者能够跨越地理障碍，促进不同用户群体间的信任建立与资源互补，从而持续不断地孕育出新的创业机会（Nambisan，2017）。

三是交互延展。数字平台的崛起使得数字创业机会不再局限于单一创业者的头脑中，多个创业主体可以在同一个数字平台中相互交流、共享资源和合作创造价值。开放性的生态系统极大地促进了不同主体间的深度交互与合作，形成了持续增强的协同效应。它不仅加快了创新步伐，还极大地促进了新概念的孵化，提升了市场的广度与深度。因此，数字创业机会具有高度开放性和流动性，吸引多主体参与数字创业，共同编织出高度协同的创业网络（Karami and Read，2021）。小红书的转型之路便是生动写照，它从单纯的购物分享社区起步，凭借用户生成内容的强大"种草"能力，逐步演化为集内容、社交、电商于一体的多元化平台，为创业者提供了广阔的创业机会。

四是动态涌现。传统创业通常集中于发掘和确认单一产品创意，而数字创业则强调新数字技术和模式的动态发展。关注市场用户、竞争者和其他相关方的不断演变，使得多元的创业参与者在互动中持续创造新创业机会，以不断满足碎片化和个性化的用户需求（Grégoire and Shepherd，2012）。这得益于数字技术的脱耦性，其底层逻辑和基础设施的通用性使其如同一个强大的代码魔盒，能支撑起多样化功能的实现。这意味着数字产品和服务能够轻松通过编程调整，迅速适应不同的需求场景，催生出大量的创业机会。智能手机的演变便是典型例证，其物理形态与功能的解耦，让用户能够自由安装各类应用程序，赋予手机无限可能。同时，APP 的持续迭代更新加速了创业机会的灵活变换与响应。

数字创业聚焦 3-1

小红书的数字创业之路 [①]

2012 年在美国斯坦福大学留学深造期间，小红书创始人兼 CEO 毛文超意识到，旅游类网站和应用有很多，却没有人去解决这个细分领域里的一个痛点：购物。针对网络上有关出境游购物的信息非常零散、稀少的情况，他建立了一个网站，请境外各地的同学和朋友以当地人视角撰写所在地购物攻略，集结成"小红书出境购物攻略"。这份攻略在一个月内获得 50 万次的下载量，取得了巨大的成功。

但毛文超发现，这种 PCG（专家提供内容）的做法提供的信息量有限，无法满足用户个性化的要求。用户出境一次，买一些东西送给亲朋好友后，有关购物的动作也就随之结束了。也就是说，他们未必会将当地购物信息通过互联网传播和分享出去。如何才能让用户的信息分享变得实时和动态呢？毛文超想到了分享型社区，创建一个能让用户实时分享购物信息的网上社区，于是，2013 年，海淘版知乎——小红书正式上线。随着小红书积累的用户越来越多，社区里分享的内容也越来越多，很多用户都有这样的抱怨："看到这么多原来不知道的境外好东西，怎么买？"这让毛文超意识

---

① 资料来源：中国管理案例共享中心（于晓宇、王洋凯、闻雯：《从"海淘顾问"升级"国民种草机"：小红书商业模式演化之旅》）。

到电商化已成为小红书必然的选择，从此，小红书进一步从"海淘顾问"升级为"国民种草机"。为了更好地"种草"，小红书大数据团队聚焦底层逻辑和基础设施，不断完善实时数仓的整体设计和搭建，以实现高效推荐。

数字创业机会的类型

第一，基于创新特征分类。

得益于数字技术的可编程、可生成、可拓展等独特优势，数字创业机会往往具有较高的创新性，其核心聚焦于对创业过程中新产品、新技术、新流程和新模式的开发、优化及应用。具体可以从创新程度和创新模式两个维度进行剖析。

从创新程度看，数字创业机会可分为来自渐进式创新和来自颠覆式创新的创业机会：来自渐进式创新的创业机会，一般是在原有产品、技术、流程和模式基础上进行数字化改造。企业通过引入人工智能或机器人等先进技术，提高生产效率和效能。来自颠覆式创新的创业机会，则随着大数据、人工智能、算力和算法创新、元宇宙等前沿技术的突破性进展而涌现，它们能够以前所未有的方式重塑市场格局、技术生态乃至整个行业面貌。

按照创新模式，数字创业机会可分为基于产业数字化和基于数字产业化的创业机会：一是基于产业数字化的创业机会。产业数字化是将现代信息技术应用于传统产业的全面改造，为企业提供更好的数据可视化和决策支持，帮助企业做出科学决策、改善客户体验、提高产品和服务质量，这种机会涵盖了全产业链、全方位和全角度的生产服务方式变革。比如，制造企业采用数字化制造解决方案，将传统生产线转变为智能生产线，通过实时数据监测和分析，迅速识别生产中的问题并采取相应措施，减少生产线停机时间，提高生产效率。二是基于数字产业化的创业机会。数字产业化是将数字化的知识和信息转化为生产要素，融合技术创新和商业模式创新，不断催生新业态、新模式的过程，数字产业化涉及利用数字技术创造新的产品和服务。我们身边经常出现的数字创业企业将通信、信息、大数据等数字技术产业化，创造了云相册、云盘、打车软件、电子安防等全新的数字产品。比如，打车软件几乎转变了城市交通运行模式与人们的出行模式。

第二，基于技术方向分类。

数字技术为各行各业注入了前所未有的创业活力。对于数字创业者而言，深入理解并有效利用这些技术的应用场景，是识别数字创业机会的关键。以下是常用于数字创业领域的三类关键数字技术。

一是人工智能（AI）和机器学习。AI 与机器学习技术正以前所未有的方式重塑商业版图。AI 不仅能够提供智能化、个性化的解决方案，更能够通过深入分析海量数据，精准预测市场趋势与消费者行为，为数字创业者制定战略决策提供强有力的支持。从个性化推荐的精准触达，到智能客服的贴心服务，AI 技术为淘宝、抖音、小红书等平台的数字创业开辟了广阔的创新空间。

二是物联网（IoT）。物联网是指通过互联网连接各种物理设备，实现设备之间的信息交流和共享。这一技术的广泛应用不仅推动了智能家居、智慧城市、健康监测等新兴领域的蓬勃发展，更为数字创业者提供了丰富的创业机会。例如，小米打造的智能家居系统让用户可以通过手机实现对灯光、空调、安防等设备的远程控制。又如，智慧交通系统可以通过监测交通流量和车辆位置，优化交通信号控制，提高交通效率。

　　三是大数据和数据分析。大数据的涌现为企业提供了全新的资源要素。这些数据包含了关于市场趋势、客户需求、竞争对手行为等方面的宝贵见解。企业可以通过分析数据来了解目标受众，甚至发现新的商机。一些企业甚至开始将数据作为一项独立的产品或服务进行销售。例如，许多媒体公司可提供基于用户数据分析的定制内容，吸引了更多的订阅者。

　　第三，基于商业模式分类。

　　在数字技术的底层支持下，数字创业机会可以表现为不同的商业模式。以下是三类常见的数字创业商业模式。

　　一是电子商务模式。电子商务模式是指使用互联网购买和销售商品或服务，以及转移资金和数据以执行这些交易的模式，通常涉及一个双边（买卖双方）或多边平台。电子商务模式下，数字创业机会不再局限于以商家为主体的在线零售、以平台主为主体的在线市场，还涉及电子支付和金融服务、物流和配送等价值链延伸环节。

　　二是应用程序（APP）模式。应用程序是在智能手机或移动设备上使用的软件，从社交媒体和游戏到健康和金融，覆盖用户工作与生活的各种场景。随着移动互联网的增量红利逐渐退去，APP市场竞争愈发激烈，同质化与垄断化趋势显现。因此，这一模式下的数字创业机会窗口正在收窄。寻找差异化竞争优势，成为该领域创业者亟须探索的新方向。

　　三是内容创作模式。在社交媒体蓬勃发展的今天，内容创作已成为数字创业的新蓝海。抖音、小红书、微博等平台不仅培育了庞大的用户群体，还催生了一支以自媒体、达人、网红为代表的内容创作者队伍。他们通过创意内容与粉丝互动，构建起一条从上游合作方（如广告主、内容供应商、MCN机构）到内容创作者，再到内容平台的完整产业链。这一链条的每个环节都蕴含着巨大的商业价值，为内容创作者提供了广阔的盈利空间与创业机遇。

数字创业机会的来源

大量实践表明，数字创业机会可以是客观存在而被创业者发现的（discovered），这涉及对市场、技术和社会趋势的敏锐洞察，以及对未满足需求的识别。例如，拼多多在电子商务领域发现了下沉市场蕴藏的巨大商机。也有更多案例表明，数字创业机会可以是创业者主动构建出来的（constructed），这涉及创业者对社会环境、顾客和市场的主观思考与理解（斯晓夫等，2016）。那么，数字创业机会的来源究竟为何？换句话说，在初始阶段，数字创业者是如何识别数字创业机会的？什么样的数字创业者会发现数字创业机会？什么样的数字创业者又会构建创业机会？回答这一系列问题需要深入分析数字创业的认知机理——因果逻辑和效果逻辑（Sarasvathy，2001）。

数字创业的认知机理

因果逻辑的核心是预测，体现为谋定而后动，即在创业开始前便系统性地收集信息，并通过合理的信息分析确定一个目标。Sarasvathy（2001）给出了一个有趣的例子——做一顿饭。因果逻辑驱动的个体会先制定一份菜单，接着列出所有需要的食材，再完成采购和烹饪的环节。在数字创业机会的识别场景下，因果逻辑驱动的数字创业者会通过深入分析市场、社会或技术的现状，找出潜在的问题、痛点或机会，进而运用数字技术与数字能力满足这些未被满足的需求。例如，数字创业者发现在某一领域存在着低效率的问题，而数字技术的解决方案能够显著提高效率。典型的案例是滴滴，其利用数字技术和大数据分析来提高城市交通效率，这是因果逻辑驱动数字创业机会发现的应用。

效果逻辑的核心则是控制，体现为车到山前必有路，即站在某一起点展开试验，利用偶发事件探索不同的可能性。效果逻辑一般在不确定性情境中发挥作用，其驱动的创业机会识别往往更具创造性。这是因为效果逻辑驱动下，市场和机会都取决于谁加入，以及他们能够带来什么资源。回到做一顿饭的例子中，效果逻辑驱动的个体不会预先确定菜单，而是打开冰箱查看可以使用的食材，随后展开创造性的烹饪（Sarasvathy，2001）。

我们认为，数字创业者和数字创业团队，特别是那些颠覆性的新进入者，更可能遵循效果逻辑开展数字创业机会的构建与利用。这是因为数字创业机会往往伴随着高度不确定性，在数字创业机会被利用之前，市场仍是空白，机会无法事先预测（Karami and Read，2021）。在前无古人、没有"菜单"的情境下，数字创业机会不确定性体现在以下四个方面。

一是技术与市场瞬息万变。数字领域的新技术、新平台不断涌现，使得创业者难以预测未来的趋势和机会。市场需求也可能在短时间内发生巨大变化，导致之前看似有前景的创业机会迅速失去吸引力（朱秀梅等，2020）。

二是竞争格局风起云涌。数字创业容易发生颠覆性竞争，新进入者可以迅速崭露头角，并通过创新技术或商业模式改变市场规则。这种不断变化的竞争格局增强了市场不确定性。

三是技术风险暗流涌动。数字创业通常涉及新技术的应用和开发，存在潜在的技术风险。新技术可能面临各类问题，如漏洞以及可靠性、安全性不足等，可导致产品推迟上市，增强了创业成功的不确定性。

四是法律法规快速发展。数字创业是一项新兴事物，相关法律法规正在不断完善与调整，如数据隐私法规、知识产权法律等。这些法律法规可能会在短时间内发生变化，对创业者的经营方式和合规性提出新要求，从而增强了不确定性。

由此，不确定性情境强化了效果逻辑对创业者构建与利用数字创业机会的影响，同时削弱了因果逻辑对创业者发现数字创业机会的影响（王颂等，2024）。一方面，效果逻辑下，创业者倾向于利用试验行动带来的意外事件，尽可能地构建、利用创业机会。不确定性提升了意外事件发生的可能性，突出了灵活试错在降低创业机会识别成本方面的作用，由此强化了效果逻辑对创业机会构建的影响。另一方面，因果逻辑下，创业者倾向于通过预测来制定目标与计划，而后采取行动以获取预期收益。不确定性情境降低了未来的可预测性，因此弱化了因果逻辑对创业机会发现的影响。换言之，在不确定情境下，技术、市场与社会等因素瞬息万变，创业目标无法预先确定，创业决策结果难以预测，环境也并非独立于创业者的持续行动而存在，创业者需充分利用不确定情境下不断涌现的偶发事件，从而快速构建与利用创业机会。

数字创业聚焦 3-2

山下湖珍珠直播电商：效果逻辑下的数字创业机会识别[①]

"世界珍珠看中国，中国珍珠看山下湖。"华东国际珠宝城（简称珠宝

[①]　资料来源：作者对案例企业调研整理而成。

城）位于世界著名的中国珍珠之都——浙江诸暨山下湖。电商直播兴起时，珠宝城立足于比较优势，主动对接电商平台，打造官方珠宝直播基地，快速形成了集电商销售、产品检测、物流配送等于一体的全链条服务模式，订单量与利润蒸蒸日上。基于此，许多数字创业者涌入珍珠直播电商的行列，而大部分创业者进入这个行业都是机缘巧合，并不是基于自己的聪明才智与战略判断。

一位商家这样介绍其创业源起："简单而言，就是一群热血青年喝了一顿酒，觉得有足够的人手，然后就决定干这件事了。"另一位商家直言："我们决定进入行业的原因可能就是看到别人卖得好，也想试一下。我们不会做长远的规划，如果直播卖珍珠做不起来，就换一个赛道，大不了就亏点钱。所以，我们的创业就是凭借一腔热血去尝试，运气好就成功了。"

由此可见，这些数字创业者们并不会事先预测创业结果，只是根据自身已有的资源和手段，进行尝试性创业。在2000余位创业者的集体试错下，他们与珠宝城一起创造了巨大的数字创业机会，拉动了中国淡水珍珠产业的蓬勃发展。2021年全年，华东国际珠宝城线上销售额突破180亿元，总销售额达364亿元。其中，淡水珍珠年交易量占全国总量的80%，占世界总量的75%。同年，珠宝城获评"中国商品市场综合百强""中国商品市场十大数字化领跑者"等，华东国际珠宝城珍珠产业电商直播基地更是入选2021年度浙江省省级直播电商基地名单。

数字创业机会的发现

在大数据时代，海量数据蕴含的巨大商机，等待着有洞察力的创业者去挖掘和利用。那么，什么样的数字创业机会是可以被发现的？最根本的一点是，数字创业机会通常建基于已存在的市场需求。数字创业者应该寻找解决问题或满足需求的机会，而不是试图创造全新的市场。根据因果逻辑，市场需求的存在可以通过市场调研和用户反馈来确认。数字创业者可积极参与市场研究，观察行业趋势和竞争情况，了解目标市场的需求、问题和机会，从而找到合适的切入点。一般而言，可以被发现的数字创业机会主要涉及传统产业或商业模式的数字化转型。

万物皆可数字化，利用数字技术激活传统产业已经被成功转化的创业机会，即可产生大量新的数字创业机会。这类数字创业机会往往涉及不同领域的跨界整合，技术、创意、商业模式等不同要素的融合可以创造出更具竞争力的商业机会。例如，将物联网技术与健康医疗领域结合，可创造出智能健康管理解决方案。数字创业者可以开发智能健康设备，如智能手环、智能体重秤等，通过收集用户的健康数据（如心率、睡眠情况等），并结合人工智能算法进行分析，提供个性化的健康管理建议。又如，在农业领域，数字创业者可以利用传感器数据和智能决策系统，通过收集植物生长的环境数据（如土壤湿度、光照情况等），提供精细化的农业管理解决方案，从而提高农产品的产量和质量。

需要注意的是，由于数字信息的透明性和流动性，加之开放的信息流存在，已知市场的数字创业机会相对容易被模仿，竞争激烈。一方面，在开源社区等平台中，许多数字创业机会是基于公开可用的技术和工具构建的，数字资源可以同时被庞大的群体获取和使用，这使得后来者能够相对容易地复制或者模仿这些技术或产品。另一方面，互联网和数字化使信息传播变得更加容易和迅速。如果一个数字创业机会出现，后来者可以通过在线渠道迅速了解并学习如何构建类似的解决方案（焦豪，2023）。因此，数字创业者在挖掘这些机会时，应该具备敏锐的市场洞察力，同时注重持续创新和差异化竞争策略。

数字创业机会的构建

在数字时代，创业机会的关键价值已不在于满足顾客需求，而在于为顾客创造需求。那么，什么样的数字创业机会是被构建的？与数字创业机会发现对应，被构建的数字创业机会通常基于尚未被唤起的市场需求。数字时代的很多需求是被创造出来的，甚至顾客自己都从未了解过这些需求，或者根本从未发现这些需求的存在。例如，第一款苹果手机问世之前，没有人意识到自己需要一款智能手机。一般而言，可以被构建的数字创业机会主要涉及新技术赋能下催生出的大量全新的市场机会。数字创业者需要思考如何应用这些新兴技术拓展市场需求，创造性地想象新技术的应用场景。

新技术催生的数字创业机会数不胜数。例如，随着电池技术的不断改进，电动汽车市场迅速崛起。特斯拉等企业开创了高性能电动汽车市场，而其他制造商也跟进推出各种电动车型。此外，电动汽车的充电基础设施建设也已成为一个新的市场机会，涉及电池充电站、充电器和充电管理系统等领域。又如，数字技术改变了娱乐行业。诸如 Netflix 等流媒体平台通过提供在线视频内容，创造了一个庞大的市场。这不仅改变了传统电视和电影业务，还催生了原创内容制作、内容许可和视频分发等新的市场机会。值得注意的是，新技术本身并不能构建数字创业机会，机会构建的主体一定是具有足够数字能力，能够利用数字技术、整合数字资源的数字创业者。

数字创业聚焦 3-3

元宇宙技术创造的巨大商机[①]

　　元宇宙以超强的沉浸式体验、开放的创造系统、立体式的社交网络体系、去中心化的经济系统以及多样的文明形态重新定义了新的互联网形态。基于此，一大批基于元宇宙技术的社交、娱乐企业涌现。例如，自称社交元宇宙的 Soul 是一个基于兴趣图谱建立关系，并以游戏化玩法进行产品设计的 Z 世代的社交交友软件。每个用户都拥有一个虚拟身份，在一个平行于现实世界的虚拟世界中拥有全新的形象和社交关系。又如，万兴科技推出全球首个元宇宙创作者俱乐部（Wondershare Creator Club），为全球新生代创作者营造了可以自由发挥且具有无限可能性的全新空间，允许独立个体通过自我表达实现创意变现，不仅降低了创业门槛，也凸显了想象力的能动价值。

数字创业机会的利用

　　数字创业机会的利用并非简单的任务，创业者需要考虑一系列前所未有的问题，例如：如何应对与垄断性生态巨头以及无数新进入者的激烈竞争？如何在巨量的数字信息中识别可用资源？如何应对更加多元与动态的消费者需求？本部分将介绍平台生态观、多主体共创和非线性创新三个有效的数字创业机会利用策略，以期为数字创业者的机会转化提供启发。

　　[①]　资料来源：陆亮亮，刘志阳，刘建一，等，2023.元宇宙创业：一种虚实相生的创业新范式.外国经济与管理（3）：3-22。

平台生态观

数字环境中的平台生态系统是一个依赖联结的数字系统，它提供了一套通用的设计和管理原则，旨在促进多个参与者之间的互动和合作（焦豪，2023）。数字创业通常以在线平台的建立和运营为基础，一方面，数字创业者可以基于互补模块与主流平台链接，作为平台参与者嵌入成熟生态，以利用平台基础设施与网络效应识别数字创业机会，实现快速成长（Srinivasan and Venkatraman，2018；王节祥等，2021）。另一方面，数字创业者也可以自主搭建平台，通过将数字能力内化到组织中来构建平台生态系统，从而在数字创业机会的识别与利用上掌握更大的自主权，并获取持续竞争优势（焦豪，2023；王节祥等，2021）。

第一，嵌入成熟平台生态。

Srinivasan and Venkatraman（2018）提出了数字创业者嵌入成熟平台生态的策略，包括如下四个步骤：一是设计互补模块，创新并推出与特定平台架构兼容的互补模块。这些模块可以填补平台生态系统中的空白，为用户提供附加价值。例如，Android 操作系统上的各种第三方应用程序，其开发者需要精心设计，确保技术上的兼容，方能嵌入 Android 平台并获取庞大用户流量。二是选择镶嵌平台，与主流平台连接，以利用其巨大的网络优势。规模越大的平台能够提供的资源越丰富，所以在资源极度稀缺的初创阶段，选择进入"大池塘"能够带来更大优势。三是构建竞争矩阵，连接多样性竞争平台，避免单一平台技术锁定。出于利益冲突，平台主打压甚至封杀参与者的案例屡见不鲜，因此数字创业者最好进驻多个平台，并根据不同平台特征定制化地投入资源。四是规避同行竞争，减少与平台内竞争对手的模块重叠。换而言之，作为"大池塘"里的"小鱼"，差异化是生存与成长的关键。

第二，自主搭建平台。

为了避免与平台主的直接竞争，新进入的数字创业者也可以秉持互惠主义，自主搭建子平台（王节祥等，2021）。实施这种策略有两个关键阶段：开发和拓展（焦豪，2023）。在开发阶段，数字创业者应着重建立与平台主的共生关系，通过在不直接竞争的细分市场中提供互补价值来与平台主相互支持，并利用已有的资源逐渐获得部分控制权。拓展阶段则强调与平台主的共存关系，这包括与平台主的合作和部分竞争，数字创业者可以采用标准化、共同发展、放弃控制权以及建立战略联盟等具体方法，在平台生态内提供替代性的解决方案。基于这样递进的阶段，数字创业者方能根据自身在大平台上的角色和功能，创建与其互补的新平台，并逐渐在平台生态中占据关键地位，最终确立自身独立的合法地位。

数字创业聚焦 3-4 💡
遥望：基于生态镶嵌策略的数字创业机会的利用 ①

杭州遥望网络科技有限公司（简称遥望）是一家以直播为核心的综合型科技企业，现已实现抖音、快手、淘宝三平台全域布局。依据其嵌入子平台情况的变化，遥望的发展可以被划分为三个阶段（见图3.1）。

---

① 资料来源：王节祥，瞿庆云，邱逸翔，2021.数字生态中创业企业如何实施平台镶嵌战略？.外国经济与管理（9）：24-42。

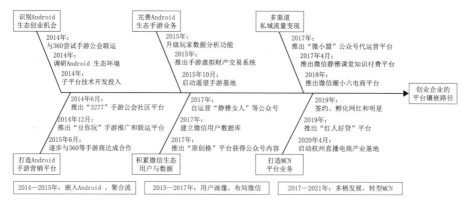

图 3.1　遥望的重要发展事件

嵌入 Android，聚合流量（2014—2015 年）：遥望在 Android 平台中嵌入手游营销平台。针对 Android 平台中游戏分发商与玩家难以精准匹配的问题，遥望通过手游公会聚合玩家流量，进而为 360、百度等手游商提供游戏的推广与联运服务。此阶段，遥望的手游业务营收达到广告业务的两倍，达 2.7 亿元，获新三板上市资格。

用户画像，布局微信（2015—2017 年）：遥望升级数据聚合和分析技术。为了能精确地进行游戏推广和联运，遥望升级了"3227"手游公会社区平台，在聚合用户数据的基础上增加用户数据分析功能，并将其应用于手游的发行和测试业务。由此，遥望合作的游戏公会达到约 2300 家，而且与游戏发行方、开发方展开合作。在手游业务的开展过程中，遥望发现手游业务与社交媒体广告高度相似。2017 年，遥望进入微信生态，开展公众号运营，积累微信用户和数据资源。

多栖发展，转型 MCN（2017—2021 年）：遥望在微信、抖音和快手等多个平台中搭建子平台，并将多个子平台连接。2017 年，遥望在微信数字平台中搭建了"微小盟"公众号代运营平台，利用数据聚合和分析技术，利用广告、电商与知识付费等业务对私域流量进行变现。2019 年，遥望在抖音、快手等平台中搭建子平台，借助前期培养的技术能力，精准匹配短视频平台的网红、明星与众多的商家，实现多栖生态发展，全年营收达到8.5 亿元。

多主体共创

数字创业机会往往无法预先确定，往往是在与利益相关者共同观察、协作行动的过程中产生的，由此，创业机会共创已成为趋势（Karami and Read，2021）。具体而言，创业机会共创指的是创业者与利益相关者协同，在互动、合作、反复讨论中，共同影响市场各要素和产品竞争变化的过程。这意味着，利益相关者与创业环境对数字创业机会的形成至关重要，而不仅仅是独立于创业者的情境因素。在生态系统视角下，数字创业者与广泛的利益相关者展开互动，并利用互动过程中涌现出的偶发事件，与利益相关者共同塑造创业机会。例如，抖音平台上，创业者、客户与投资人通过15 秒的视频及简短的评论文字公开，快速地交流各自的想法和商业理念。基于此，数字平台上的机会创造是创业者和其他参与者之间通过网络实现交互的过程。根据网络结构的不同，数字创业者可以在不同发展阶段相机行事，采取两种策略进行多主体机会共创（见图 3.2）。

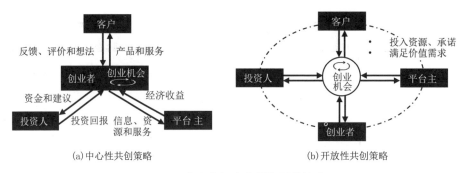

图 3.2　多主体机会共创的两种策略

第一，中心性共创策略。

中心性共创策略是指数字创业者以自我为中心，有选择性地动员利益相关者，共同推进数字创业机会和价值的创造与迭代。中心性共创策略具有如下内涵：就网络特征而言，数字创业者在创业网络中处于中心位置，连接各个利益相关者群体。因此，中心性共创策略的创业网络呈现中心线性结构。就创业者角色而言，数字创业者拥有较大的控制权，是创业网络形成和创业机会识别的推动者。他们有选择地在不同利益相关者群体中接触关键个体，更高效地获得反馈和想法。就信息获取而言，数字创业者将不同利益相关者的想法收集并联系起来，产生创新性想法以实现数字创业机会的形成与迭代。

第二，开放性共创策略。

开放性共创策略指数字创业者不以自我为中心，而是作为共创系统中的一员，与其他利益相关者共同定义问题和设计解决方案，不同参与者之间相互选择联系对象，打造流通于整个共创系统的资源，以产生社会和经济价值。开放性共创策略具有如下内涵：就网络特征而言，数字创业者与各利益相关者群体共存于同一个共创系统，创业网络呈现无中心网状结构。

就创业者角色而言，数字创业者是创业网络形成和创业机会识别的合作者。他们尽可能多地与利益相关者进行资源流动与整合，彼此相互选择，共同打造机会、资源和创业网络。就信息获取而言，共创系统中的各方利益相关者自发性地共同洞察市场需求，并共同定义问题和设计解决方案。

数字创业聚焦 3-5 💡

老爸评测：多主体机会共创 [①]

春季入学的前几天，上小学二年级的女儿请魏文锋帮她包书皮。做了 16 年产品检测和化学品安全评估工作的魏文锋，被书皮刺鼻的气味震住了，直觉告诉他，这书皮肯定有问题。他又从女儿常去的文具店买来 7 款畅销的书皮，结果令他揪心：市面上的这些书皮绝大多数是没有标注用料成分、生产厂家、地址和联系方式的"三无"产品。

魏文锋自掏腰包支付了 9500 元检测费，将 7 款书皮送到江苏省泰州市国家精细化学品质量检验检测中心。结果显示，7 款书皮都含有大量的多环芳烃（PAHs）和邻苯（DEHP），前者是化学致癌物，后者则会干扰内分泌，具有生殖毒性。想到数以万计的中小学生可能都在使用这种存在安全隐患的书皮，魏文锋坐不住了。他开始通过发微博、向有关部门打电话的形式反映问题，甚至通过微信公众号向全国家长公布检测结果，并写了一篇有关"有毒书皮"的文章。在舆论助推下，文章关注度迅速飙升，造就了一场基于网络的全民大讨论。

2015 年 6 月，他自筹资金组建评测团队，以普通家长的名义发起"老爸评测"，并注册了相关品牌标识，决定与"有毒书皮"死磕到底。在创业

---

① 资料来源：中欧案例（《老爸评测：用创业化解社会痛点》）。

初期，"老爸评测"以微信平台的公众号、朋友圈、聊天群为依托，在与潜在用户、投资人的三方互动中共同打磨了生活用品检测的创业想法，以及众筹的商业模式。在这一阶段，广大用户讨论"有毒书皮"的危害，提出了付费检测的期望；投资人通过在线平台主动提出众筹的想法；微信平台给予该事件流量；创业者魏文锋充当着解决方案的执行者，收集并整合三方想法，将该创业机会及解决方案转化为"老爸评测"的实践。

随着"老爸评测"的日益壮大，创始人魏文锋开始进入创业网络的中心，识别并整合企业所需的核心资源与关键利益相关者，带领团队进军电商行业……

非线性创新

非线性创新是指技术和市场之间不再是单向影响，而是相互交织、相互反馈，这使得数字创业机会的识别更加复杂（Ricciotti，2020）。大数据、人工智能等新一代技术的发展呈现出典型的非线性特征，催生了诸如众包、在线社区等非线性的知识创造和传播模式，并带来了知识与机会的涌现。基于此，数字创业机会的发展及数字创业企业的管理不再遵循千篇一律的定式，而是越来越个性化、差异化、多元化。对数字创业机会的利用而言，非线性创新强调了不断迭代、快速响应市场反馈以及持续改进的重要性。以下从时间和主体两个维度剖析非线性创新的内涵。

第一，时间维度。传统的线性创新模式下，创新往往按照固定的步骤和顺序进行，例如研发、测试、推广等。然而，在数字创业中，创新可以在不同阶段交织、互动，从而更具灵活性。具体而言，数字创业机会在时间维度的非线性发展体现在：一是实时反馈与快速迭代。数字平台赋能数字创业者践行精益创业的核心思想，即实时收集用户反馈，快速了解用户需求和产品表现，并基于这些反馈迅速调整产品或服务，从而实现快速迭代，缩短产品迭代周期。二是平行开发与多元化路径。非线性创新允许数字创业者并行推进研发、测试、推广等多个阶段，从而提升数字创业机会的转化效率。基于此，数字创业者得以在短时间内试错，从而更快地将成熟产品推向市场，在激烈的数字竞争中把握先发优势（Yang et al.，2019）。

第二，主体维度。非线性创新模式下，知识、信息、人才等各种创新资源在创新主体间自由流动，这种多对多的即时匹配模式建立了一个巨大的非线性创新网络，促使其以更短的时间尽可能更早地获得市场的需求与相关动态（魏江等，2021）。数字创业机会在主体维度的非线性发展是多主体共创的表征，具体体现在：一是多元化主体的创新网络。创业者、消费者和供应商等多元化的创新主体之间并非线性单向的关系，而是形成了一个错综复杂的网状结构。在这个结构中，数字创业机会相关的创新资源如知识、信息和人才通过多个节点迅速传递，从而形成一种高度互联的创新网络。二是资源涌现与即时匹配。在多主体参与的非线性网络中，数字创新的源泉和途径变得多样化，因此，资源不再是有限的、预先规划好的，而是可以从多主体的互动中涌现出来，为数字创业者的即时匹配创造了机会。

数字创业聚焦 3-6 💡

在线社区的非线性创新[①]

作为全球最大的综合性数字发行平台之一，Steam 允许用户在该平台上购买、下载、讨论、上传和分享游戏与软件，展示了数字产品在时间和主体维度上的非线性创新。

1. 时间维度的非线性创新

Steam 上的数字产品，特别是游戏，常常经历持续的更新和迭代。开发者可以通过在线平台向玩家提供新的内容、修复漏洞、提高游戏性等。这种非线性创新使得产品不再受到传统发布模型的限制，而是可以根据用户反馈和市场需求进行动态调整。此外，Steam 上的数字创业者（游戏或软件开发者）可以在更新时引入实验性的功能，或在正式发布数字产品之前推出免费的试用版，以测试用户对新产品或新功能的反应。这种方法允许开发者在产品生产完成之前便根据用户反馈进行调整，从而更好地适应市场需求。

2. 主体维度的非线性创新

创意工坊是 Steam 的一个重要特色，通过提供强大的自定义工具和编辑器，平台允许用户生成和分享各种内容，如模组、地图、角色等，甚至自由创造、修改游戏内的元素。这种主体维度的非线性创新使得用户成为内容的创作者，为数字产品增添了多样性和持续创新的可能。此外，这种开放性的设计也使得数字产品为用户创造出无限可能的体验，极大限度提升了用户的黏性。

[①]　资料来源：刘嘉玲，魏江，陈侠飞，2022.在线社区对企业创新管理影响研究回顾与展望.管理学报（8）：1251-1260。

参考文献

[1]　郭海，杨主恩，2021. 从数字技术到数字创业：内涵、特征与内在联系. 外国经济与管理（9）：3-23.

[2]　焦豪，2023. 数字平台生态观：数字经济时代的管理理论新视角. 中国工业经济（7）：122-141.

[3]　斯晓夫，王颂，傅颖，2016. 创业机会从何而来：发现，构建还是发现+构建？——创业机会的理论前沿研究. 管理世界（3）：115-127.

[4]　王节祥，陈威如，江诗松，等，2021. 平台生态系统中的参与者战略：互补与依赖关系的解耦. 管理世界（2）：10，126-147.

[5]　王颂，张涵茹，张了丹，等，2024. 创业网络从何而来？——决策逻辑视角下创业者结网研究回顾与展望. 经济管理学刊（2）：155-188.

[6]　魏江，刘嘉玲，刘洋，2021. 新组织情境下创新战略理论新趋势和新问题. 管理世界（7）：13，182-197.

[7]　余江，孟庆时，张越，等，2018. 数字创业：数字化时代创业理论和实践的新趋势. 科学学研究（10）：1801-1808.

[8]　朱秀梅，刘月，陈海涛，2020. 数字创业：要素及内核生成机制研究，外国经济与管理（4）：19-35.

[9]　Autio E, Nambisan S, Thomas L D W, et al, 2018. Digital affordances, spatial affordances, and the genesis of entrepreneurial ecosystems. Strategic Entrepreneurship Journal(1): 72-95.

[10] Grégoire D A, Shepherd D A, 2012. Technology-market combinations and the identification of entrepreneurial opportunities: An investigation of the

opportunity-individual nexus. Academy of Management Journal(4): 753-785.

[11] Karami M, Read S, 2021. Co-creative entrepreneurship. Journal of Business Venturing(4): 106125.

[12] Nambisan S, 2017. Digital entrepreneurship: Toward a digital technology perspective of entrepreneurship. Entrepreneurship Theory and Practice(6): 1029-1055.

[13] Ricciotti F, 2020. From value chain to value network: A systematic literature review. Management Review Quarterly(70): 191-212.

[14] Sarasvathy S, 2001. Causation and effectuation: Toward a theoretical shift from economic inevitability to entrepreneurial contingency. Academy of Management Review(26): 243-263.

[15] Srinivasan A, Venkatraman N, 2018. Entrepreneurship in digital platforms: A network-centric view. Strategic Entrepreneurship Journal(12): 54-71.

[16] Yang X, Sun S L, Zhao X, 2019. Search and execution: Examining the entrepreneurial cognitions behind the lean startup model. Small Business Economics(3): 667-679.

第 4 章

数字创业资源

传统创业理论认为，创业机会、创业资源和创业团队是支撑创业活动顺利开展的三大关键要素，而数字创业突破了传统创业机会、资源、团队的三要素框架，将数字属性融入到了各个要素当中，形成了包括数字技术、数字创业机会、数字创业资源、数字创业能力、数字商业模式等在内的更加多样化的要素组合（余江等，2018；朱秀梅等，2020）。作为数字创业的关键要素之一，数字创业资源的价值不容小觑。

数字创业资源是指在信息化和智能化时代，创业者可用于支持和推动创业活动的各类数字资源，不仅包括数字技术的创新和应用，还包括创业者在创业过程中所产生、积累和拥有的数据，以及与数字化相关的工具和基础设施。数字创业资源的特殊性在于其难以资本化、所有权模糊、生产可供性和分配不确定等，因此，如何开发和利用数字创业资源是企业所面临的重要挑战（魏江，2023）。如图 4.1 所示，本章从数字创业资源涌现化、数字创业机会资源一体化、数字创业资本生态化、数字创业能力情境化四方面展开，探讨了数字经济情境下创业资源获取与传统创业资源获取的差异所在，揭示了数字创业资源创造价值的逻辑及其与资本的互动结果，最终落脚到创业企业如何构建自身的数字创业能力，以应对数字时代复杂多变的情境。

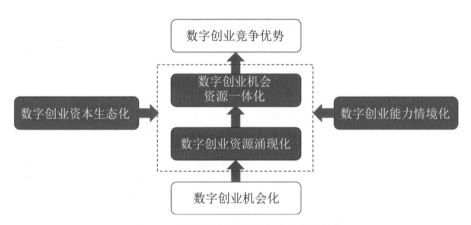

图 4.1   基于数字创业资源的竞争优势构建

数字创业资源涌现化

数字创业资源构成

数字创业资源主要由数字技术、数据要素和数字化工具构成。

一是数字技术。数字技术为数字创业者提供了创新的基础和实现商业目标的手段（Nambisan et al.，2017）。正如第二章中所提到的，数字技术具有数据同质化、可重新编程性和可供性的本质特征，这意味着创业者可以利用现有的数字技术组件快速开发创新产品，根据市场需求和反馈进行迭代优化，并通过不同类型数字技术的相互支持和增强，形成更为复杂而综合的解决方案，实现新的价值创造。

二是数据要素。数据包括数字创业者在运营和业务开展过程中所积累和拥有的数据集合，涵盖用户信息、市场数据、交易记录和产品性能等各个方面。数据要素的价值性和独特性体现在它是创业者独有的、特定时期内获取和生成的数据集合，有助于识别潜在的市场机会、洞察用户需求及竞争者行为，进而支持关键的创业决策（Porter and Heppelmann，2014）。数据本身并不足以带来竞争优势，而是依赖于数字技术和数字基础设施，才能发挥其应有的功能和价值。以今日头条为例，作为以人工智能和大数据为基础的个性化新闻推荐平台，今日头条个性化推荐算法的成功得益于其高质量的数据，海量的用户数据为优化用户体验和增强用户黏性提供了依据，同时能够提高广告投放的精准性和效率，为广告变现提供了有力支持，实现了数据的商业价值创造。

三是数字化工具。数字化工具是数字创业企业应对复杂多变的环境、构建数字创业能力的保障。数字化工具是指在数字时代用于处理和管理数据、实现业务流程自动化、提升工作效率的软硬件工具以及平台，包括云计算平台、在线合作平台、数字化营销工具等。数字化工具之所以是一种关键的创业资源，是由于它赋予了创业企业独特的数字能力，有助于数字创业者突破组织边界和自身资源约束，获取和整合组织外部资源，同时优化组织流程、提高决策效率，以满足企业高速增长的业务需求。

数字创业资源特征

数字创业资源区别于传统创业资源的特征主要体现在以下几个方面。

一是模块化。数字资源模块化程度指某一数字系统的组件可以被分离和重组的程度，既反映了组件之间耦合的紧密程度，也反映了系统架构的规则促进组件匹配的程度（Schilling，2000）。考虑到信息和数字技术的不可分割性，数字创业资源往往具有模块化的特征，需要通过模块化的组合来解决现实问题。数字创业企业所调用的模块化资源的耦合程度和连接方式影响着数字创业企业的生存和成长（Rietveld and Schilling，2021；Srinivasan and Venkatraman，2018）。

二是开放性和可供性。开放性指数字资源推动多主体信息交换和互动的特征，塑造着数字创业活动中多主体的资源投入和互动结果。大量研究表明，数字创业企业的开源合作并不会导致竞争优势的丧失，反而会促进企业创新和规模化成长。可供性则体现在支持创业企业融入数字创业生态系统的通用业务流程和架构知识上，有助于数字创业企业的生态化成长。考虑到数字情境下很多资源都可以通过开放的接口、数据标准进行共享和集成，数字创业企业可利用 API（应用程序编程接口）等从外部调用模块化资源，将不同的资源连接在一起以提升运营效率和用户体验。此时，数字创业资源的开放性和可供性都决定了数字创业企业能否利用该资源实现快速成长。

三是自生长性。自生长性是指数字技术通过多主体互动与资源重组，推动大规模、自发性创新涌现的特征（Nambisan et al.，2017）。在数字创业企业中，数字资源的自生长性使得不同主体能够参与到数字创业机会识别与开发过程当中，以形成满足新市场需求的基于数字技术的新产品和新服务。以用户参与的在线社区为例，正是由于数字资源具有自生长性，数字创业企业才能利用数字技术和基础设施与用户互动，不断将技术场景化并实现产品和服务创新。

数字创业资源涌现

创业面临的一大挑战就是资源约束，如何在资源有限的情况下创造价值是创业者面临的挑战。在传统创业活动中，考虑到资源的有限性，创业者往往需要利用手边一切资源做事，创业拼凑的概念应运而生。拼凑最早源于人类学的研究，应用到创业领域，资源拼凑意味着创业者需要像工匠一样，从现有的碎片资源中寻找适合的部分，通过创造性地组合手边现有的资源、加入新元素或替换旧元素来解决问题，形成独特的资源配置和竞争优势。

在数字情境下，企业的资源已不再受限于企业自身，企业可以利用组织间的联系和互动，在更大范围内调用和整合资源（郭润萍等，2022；肖雄辉和傅慧，2023）。资源拼凑与资源调用的共性在于二者都建立在资源可拆分、重组的前提之上，依赖于创业者的创造力和创新意识来突破自身资源的约束；差异在于资源可被拆分的程度、连接的方式，以及价值创造的逻辑。前者的价值创造建立在创业企业的自身资源基础及外部资源获取能力上，而后者的价值创造则建立在创业企业调用和管理跨组织边界资源、发挥网络效应的能力上。

更为重要的是，不同于传统创业活动对于土地、劳动力、资本、技术等生产要素的高度依赖，数字创业活动的核心资源，包括数字技术、数据要素和数字化工具等，无处不在，呈现出不断涌现和生长的态势。此时，数字创业资源驱动企业成长的逻辑已从资源拼凑向资源调用、从资源获取向资源涌现与利用转变。数字创业企业能否建立竞争优势，取决于其能否实现数字创业机会与资源的一体化，最终实现协同价值创造，以及跨组织边界资源的规模化成长。

平台数字创业资源支持

数字创业资源的涌现在平台情境下尤为突出。作为数字技术、数据和数字平台及工具等数字创业资源的提供者，数字平台已成为数字经济背景下创业企业获取外部资源的重要渠道。得益于数字基础设施、数据资源以及平台的多边网络效应，数字创业者能够从数字平台获得全方位的数字创业资源，缓解新进入者劣势，提高创业的成功率。数字平台上由平台主所搭建的资源网络和模块化资源是创业企业成长的助力器，创业企业通过平台嵌入能够突破自身资源约束，实现快速成长（Srinivasana and Venkatraman，2018；Khanagha et al.，2022）。

数字创业聚焦 4-1

数字创业平台的生态化资源

小米自 2013 年起以"投资＋孵化"模式开始搭建数字创业平台，以"AI＋IoT"为战略核心，孵化了超过 300 家生态链企业，其中，华米等企业已借助小米平台发展成为独角兽企业。小米的数字创业平台提供了集成数字技术、数据等多种资源，使得生态链企业获取数字资源的便利性更高，时效性更强，成本比内部研发低。例如：小米构建的 IoT 开发者平台为智能硬件开发者提供了强大的技术支持，打造的小爱开放平台能够嫁接语音等AI技术，提供完整的语义理解配套工具以解析用户语料，让智能设备具备语音技能；小米建设了大数据平台，将所有数据集成汇总，并将数据工厂、数据智能决策平台等对生态链企业开放。此外，小米强大的粉丝经济为生态链企业提供了市场触达和推广的机会，这一系列数字资源的供给无疑降低了创业企业的进入门槛，提高了合作与共享资源的机会（周文辉和阙琴，2022）。

再以Meta（改名前为Facebook）为例，Meta是最早搭建平台的企业之一，其发展历程体现了在构建平台生态系统以及为平台参与者提供资源支持方面的持续努力。Facebook最初于2006年推出了Facebook开发平台，随后在2007年正式发布Facebook平台，首次向第三方开发者开放平台架构，提供开发工具以构建应用程序。2010年，Facebook推出了Graph API，并发布了多款软件开发工具包（SDK）。为了吸引并支持开发者，Facebook自2008年起先后推出多项计划，例如优质应用计划（Great Apps Program）、营销API加速计划（Marketing API Accelerator Program）、蓝图计划（Blueprint）等，旨在为开发者提供工具和技术支持（何玉婷等，2019）。2024年9月，Meta为了优化开发者体验，全新打造了Meta开发者中心（Meta for Developers Hub）以及全新改版的社交技术开发者中心，帮助开发者以更简捷的方式获取所需的内容、资源和平台，以构建产品，利用目前最强大的开放大型语言模型Llama 3.1实现定制模型创建，以捕捉新一轮的AI创新浪潮。[1]

---

① 参见Meta官网（https://developers.facebook.com）。

数字创业机会资源一体化

数字创业资源编排

数字创业资源管理是企业利用数字资源创造价值的核心。传统的资源基础观指出，企业所拥有的有价值的、稀缺的、不可流动的、难以复制的资源是其竞争优势的来源。与传统资源相比，数字资源的可获取性和可替代性更高，数字资源本身很难保证企业的竞争优势（刘志阳等，2020）。同时，数字资源也重塑着创业的过程，数字创业倾向于资源协调而不是资源占有，这对创业企业的数字资源管理提出了更高的要求。为了实现快速成长，创业企业需要对自身所拥有的独特资源进行杠杆化的利用、动员和协调，从而最大限度地创造价值。

资源编排理论为数字创业企业管理数字资源提供了有益的参考。资源编排理论是由资源管理理论与资产编排理论发展而来的（Barney et al.，2011），是指企业在动态环境中通过资源要素的差异化配置方式，形成资源束，进而为用户提供价值的过程。Amit and Han（2017）在 Barney et al.（2011）资源编排模型的基础上提出，创业企业在数字化环境中扮演着集成者（integrator）、协作者（collaborator）、赋能者（enabler）和桥接者（bridge provider）等关键角色，并提出了数字创业过程中资源编排的微过程。

数字创业企业的资源编排包括以下微过程：持续监测、资源众包、分类排序、勘探挖掘、资源嫁接和资源简化。其中，持续监测涉及对现有数字创业资源的持续评估和改进，以提高其质量和效率。资源众包是通过外部众筹的方式激活新的数字创业资源，从社群中吸纳创新思想和新资源。分类排序使得数字创业企业能够将数字创业资源按照重要性进行优先级排序，并进行合理分类，以实现资源的重点利用。勘探挖掘是指探索和开发新的数字创业资源，以应对不断变化的市场和技术环境。资源嫁接将数字创业资源从储存状态转化为实际应用，以最大限度地发挥其作用。资源简化涉及对数字创业资源进行适当精简和优化，降低创业资源储存、运营或管理等成本，提高资源使用效率。以上资源编排的微过程对激发数字创业企业的资源潜力、强化数字资源优势的形成起到了至关重要的作用（朱秀梅等，2020）。

数字创业聚焦 4-2 💡

字节跳动的数字创业资源编排 [①]

作为一家以算法驱动为核心、以短视频和内容分享为主要业务的科技型创业企业，字节跳动能够迅速崛起并成为全球最有价值的创业企业之一，与其数字创业资源编排密不可分。

第一，面对海量的用户数据资源，字节跳动注重对产品和服务的持续测试和优化。例如，在其短视频平台（抖音）中，字节跳动不断测试用户界面、算法推荐和广告投放等元素，以改进用户体验，提高用户参与度。为了获取初期的核心用户，一开始，抖音从内容源头拉大 V 入局，以"拉新"指标为主要目标；运营中期，经历 2017 年暑期的爆发，抖音下载用户数破百万，抖音开始通过各种广告、异业合作获取用户，逐渐偏重活跃度指标，产品本身也在不断迭代升级。

---

① 资料来源：https://www.bytedance.com/zh/news。

第二，字节跳动积极建设开放平台生态，巧妙地借助外部资源，尤其是开发者社区和创作者群体的力量，通过开放开发者接口和创作者平台快速激活新的数字创业资源，并拓展自身的业务边界。2021年，字节跳动上线了围绕开放场景、开放接口、开放信任关系搭建的小程序，覆盖字节跳动内部的抖音、抖音火山版、西瓜等20余个APP，并支持对外赋能。小程序开放平台所提供的生态框架使得外部的开发者能整合其可提供的服务，满足抖音用户、创作者的需求，从而获得健康的收益。

第三，字节跳动对产品的盈利能力和发展潜力进行分类排序，并根据排序结果将有限的资源倾斜分配，从而实现了资源效用的最大化。2016年4月，字节跳动决定进军短视频领域，先后推出了三款短视频APP：火山小视频，对标快手；头条视频（西瓜视频），对标秒拍；另外一款是抖音。从2017年开始，每隔几个月抖音的流量都会迅速攀升，于是字节跳动决定对抖音进行资源倾斜。

第四，字节跳动抓住AI技术范式变迁带来的产业颠覆机会，积极布局大模型赛道，以服务者角色加入"百模大战"，通过为大模型培育客户提供算力支持，辅助其做好大模型开发。2023年，字节跳动依托云端推出火山引擎大模型训练云平台（简称火山引擎），面向其他AI大模型团队提供算力等技术服务。目前国内大模型领域的数十家企业，近七成基于火山引擎开发大模型，毫末智行等科技企业都借助火山引擎的支持进行大模型训练迭代。

第五，字节跳动通过战略性收购将外部资源嫁接和整合到其生态当中，发挥内外部资源的协同效应。例如，2022年，字节跳动用百亿元收购美中宜和，布局互联网医疗服务赛道。美中宜和是字节跳动在医疗健康领域的线下解决方案试验场，可以获取大量线下数据以反哺线上，比如抖音或是其他产品的营销。通过收购和并购，字节跳动实现了数据资源在具体业务场景下的赋能和变现。

机会资源一体化

机会驱动和资源驱动是两种典型的创业活动开展的逻辑。传统创业资源观认为，创业者机会开发和价值实现的过程贯穿于资源获取、整合活动中，即机会、资源存在一体化效应，二者互为条件、不可分割（蔡莉等，2019）。在数字经济背景下，数字创业资源与机会的一体化显得尤为关键，数字创业资源的编排和数字创业机会的开发利用密不可分。一方面，数字创业资源编排能够通过管理和协调数字创业资源，为数字创业机会开发提供丰富的资源支持，进而提升数字创业机会开发的效率和效果；另一方面，数字创业机会开发使得数字创业资源在编排过程中得以充分发挥效能，避免了资源冗余和闲置，降低了数字资源的储存和运营成本，提升了数字创业资源的转化率和利用率。

如图 4.2 所示，数字情境下机会资源一体化的价值创造包含识别、匹配、桥接三个过程，分别与资源编排的微观过程相对应。持续监测和资源众包推动着数字创业机会与资源的识别，分类排序和勘探挖掘支撑着数字创业机会与资源的匹配，资源嫁接和资源简化则有利于数字创业机会与资源的桥接。数字创业资源与机会的一体化开发本质上也是多主体参与价值共创的过程。数字技术扩大了创业企业资源获取和利用的范围，使其得以与更广泛的主体共创价值。在数字技术的驱动下，组织边界日益模糊，资源的无边界性促进了资源的多向流动，提高了组织间的资源流动效率（马蔷等，2018）。基于此，创业企业能够更好地发挥集成者、协作者、赋能者和桥接者的作用，在数字情境中实现价值创造。

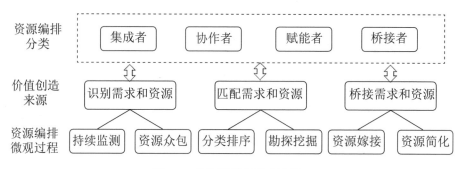

图 4.2　资源编排的微观过程

来源：Amit and Han（2017）。

数字创业聚焦 4-3

旷视科技的数字创业机会资源一体化开发 [①]

成立于 2011 年的旷视科技是我国 AI 领域的独角兽企业，与商汤科技、云从科技、依图科技并称为"AI 四小龙"。从创立至今，旷视科技的发展和转型体现了数字创业资源与机会的一体化开发过程。

第一阶段：数字技术驱动创业机会识别。 旷视科技创立初期的业务是游戏开发，其成功发行了一款广受追捧的在线游戏，然而由于资源限制，游戏并未得到良好的市场推广与后期运营，收入微乎其微，难以维系企业正常运转。于是，旷视科技决定借鉴微软依靠 AI 技术成功扩大市场影响力的经验，组织团队重新开展技术研发，深耕视觉识别核心技术，并于 2012

[①]　资料来源：王家宝，蔡业旺，云思嘉，2022. AI盈利困局之下旷视科技的"硬核之路".清华管理评论（12）：102-109。

年 10 月推出了面向 B 端客户的视觉技术开放平台（Face++），为企业客户提供视觉技术解决方案。4G 时代到来，移动互联网高速发展，网络用户的数据交互速度得到了大幅度的提升，海量的数据集为旷视科技 AI 技术平台的演化迭代提供了基础。经过三年的研发探索，2014 年，旷视科技的视觉解决方案核心——FaceID——成功完成研发，在移动支付、手机解锁等领域被互联网巨头和手机生产商广泛采用。

　　第二阶段：创业机会开发驱动资源编排。 随着传统互联网巨头逐步进入 AI 市场，旷视科技等原生 AI 企业的领先优势渐渐弱化，FaceID 带来的收益也碰到了天花板，需要寻找新的应用场景来打破这一天花板。受合作伙伴阿里巴巴的城市智能化部署计划启发，旷视科技决定将 AI 技术引入城市应用场景。城市场景对于旷视科技来说是一个完全陌生的领域，为了适应新的应用场景，旷视科技决定打造属于自己的硬件设备，与已有的软件技术结合。于是，2015 年初，旷视科技投入硬件研发工作，仅十个月后，就顺利推出其首款智能硬件——MegEye C1 全智能摄像头，并正式宣布进入城市物联网领域。2017 年，旷视科技进一步将业务拓展到供应链物联网领域，并于次年收购了北京小孔科技有限公司，将之更名为北京旷视机器人技术有限公司，以物流机器人硬件切入供应链物联网业务，推进旷视科技的"硬化"之旅。

　　第三阶段：数字资源优势化解疫情危机。 2020 年初，新冠疫情的暴发导致线下市场受到巨大的冲击。由于城市日常运行陷入缓慢甚至停滞的状态，旷视科技新的业务城市物联网的营收较 2019 年出现大幅度的缩水。然而，得益于线上消费需求的激增，旷视科技从供应链物流市场中嗅到了商机。由于激增的货量给物流行业带来了巨大压力，各大厂商提升供应链能力的需求迅速扩大，旷视科技前期开发的物流机器人成了市场中的热门选择，在新冠疫情前诞生的供应链物联网在疫情的冲击下经历了又一次新生，利用核心 AI 视觉系统与智能机器人共同打造的智慧物流让旷视科技在疫情下实现了逆势增长。

数字创业资本生态化

数字创业资本特征

数字经济时代，创业投资与数字创业的融合更加深化，在推动数字技术等前沿技术开发和应用方面发挥着愈加突出的作用。那么，作为创业企业关键的资金来源，数字经济时代的创业资本安排与工业时代、信息时代有何区别？

一是数字创业资本的多元化。对于创业企业而言，传统的创业融资方式主要包括天使投资、风险投资、私募股权等。在数字经济时代，创业资本的需求和供给都发生了一定变化，创业者获取资金支持的方式也变得更加多元而分散。正如 Dushnitsky and Matusik（2019）指出的，近年来创业资本供求关系的变化主要体现在两方面：一方面，创业启动成本的降低减少了创业者对资本的需求和降低了融资的门槛，数字技术的日益成熟与精益创业模式的普遍运用使得早期创业者能够以较少的初始资金开展创业活动；另一方面，新型创业融资渠道的涌现增加了创业资本的供给，包括众筹和加速器等平台化的融资渠道，例如 Kickstarter、Y Combinator 等，加上大型互联网企业加入创业投资，使得个人投资者、企业、政府等不同主体都有机会参与到创业投资当中，促进了资本的分散化。创业资本供求关系的变化使得创业者，尤其是明星创业者和明星企业，在与投资人的互动过程中拥有了更多的选择权和话语权。

二是数字创业资本的去边界化。数字情境下，创业融资的地理边界也在不断被打破。在传统的创业投资决策中，投资人考虑的关键因素之一是地理亲近性。投资方与创业者所处的地理位置越接近，越有利于投资方为创业企业提供持续支持，同时监督创业企业的行为。然而，在数字经济背景下，信息的可获得性和可传播性缩短了投资人与创业企业之间的感知距离，地理距离对投资决策的影响逐渐弱化，资本的地理集聚效应也随之减弱（Dushnitsky and Matusik，2019）。创业企业可以借助数字化工具将项目推向全球，吸引来自不同国家和地区的投资者，实现跨境融资；投资者可以基于数据对企业进行更精准的分析和评估，从而做出更明智的投资决策。

创业资本与生态构建

传统的创业投融资研究关注的是投资方与创业者之间的资金流动。虽然创业资本一直以来都被视作创业生态系统的构成要素，与政策、文化、人力资本、市场等要素共同支撑创新创业活动，但学界对于创业资本本身的生态化价值的关注仍十分有限。

在数字技术推动新兴产业快速崛起的时代背景下，创业资本呈现出生态化的特征，创业投融资关系已经超越了简单的资金交换，这意味着投资方人力资本、社会网络等无形资源的注入以及其生态系统的赋能，在产业资金供给和创新文化培育等方面都发挥了重要作用。例如，众筹平台如Kickstarter、Indiegogo 等为创业者提供了集结社交网络的平台，使得创业者可以与潜在投资者、支持者建立连接，同时鼓励创业者与支持者互动，分享项目的进展和创意，从而最大化平台的网络效应。再如，全球著名的孵化器 Y Combinator 通过为创业者提供资金、导师、专家、资源、社区等支持，构建了独特的创业生态，从而全方位赋能创业企业。

在我国，线上创业投融资平台的兴起和大型互联网企业风险投资的繁荣都是数字时代的产物，二者都体现了数字创业资本正在由金融中介逐渐转型成为创业生态构建者，为创业者提供全方位的生态赋能。线上投融资平台旨在利用数字技术连接创业者和投资人，为创业者提供多元且便捷的融资渠道，减少双方之间的信息不对称。例如，天使汇（AngelCrunch）、36 氪（36Kr）、微链等都是伴随着我国互联网的普及而兴起的创业投融资平台，这些平台所提供的多元化、生态化服务也体现了数字经济时代创业投资正在逐渐由传统金融投资向多元生态赋能转变。

数字创业聚焦 4-4 💡

微链：数字化投融资平台赋能创业成长 [1]

微链母公司（杭州传送门网络科技有限公司）成立于 2014 年，旨在打造一站式创业服务平台，为创业者提供高质量创业服务。微链深度聚焦投融资对接业务，通过线上线下全场景及多样化的对接形式，利用 AI 智能匹配技术，已帮助创业者和投资人完成超过 260 万次有效对接。

2015 年，微链推出了微链 APP，以一种颠覆性的方式，打破了传统的投融资对接模式，开创了数字时代"互联网＋创投服务"的新纪元。微链 APP 引入了一个名为"找项目"的功能板块，用数字和互联网技术帮助投资

---

① 资料来源：https://www.welian.com。

人快速寻找优质项目。同时，微链第一次启动"链大会"，线上赋能线下，汇集投资人、创业者、院校、行业专家，构建创业生态。2016 年，微链进一步融资、裂变，上线路演大赛板块和"融资直通车"产品，帮助创业者精准对接投资机构。2017 年，微链再次布局，推出"一键融资"系列品牌活动，全场景、多渠道帮助创业者有效对接投资人。同时，面向投资人服务的"千鲜系统"正式上线，投资人找项目变得更高效。

2018 年，微链把重心放在了构建和完善创业赋能生态系统，促进价值共生上。微链提出了创新生态整体解决方案，发布了多个城市独角兽、准独角兽榜单，梳理城市创新力量。同时，微链 APP 5.0 版本上线，推出 72 小时有投必应服务，全面提升融资对接效率和体验。借助自身的生态优势，微链线上赋能线下，在北京、上海、广州、杭州、南京举办"链动中国"系列独角兽峰会，近 1000 位投资人与创业者实现现场对接。2019 年，微链进一步迭代创新，72 小时内项目获投资人回复率达 78%，在行业内领先。2020 年，微链实现跨越，承担起更多的社会责任，推出"WE+"计划，搭建政策暖企、科技帮扶和诉求响应通道，帮助中小企业共渡难关。

企业风险投资与生态化成长

近年来，阿里巴巴、腾讯、字节跳动等大型互联网企业均开始通过风险投资积极布局，企业风险投资逐渐繁荣。通过投资新兴领域的独角兽企业或具有高创新性的企业，大型互联网企业能够更好地扩张和延伸现有产业，抢占前沿赛道。这些互联网企业不仅为创业企业提供了资金，更重要的是能够利用自身庞大的生态系统，为创业企业提供技术、资源、市场等多方面的支持，通过生态赋能创业企业的成长。通过投资与合作，互联网企业搭建起了创新网络，以捕获颠覆性创新的机会。

以腾讯投资为例，腾讯以微信、QQ 聚集了海量用户，其庞大社交流量为内容业务的发展构筑了基础，自 2011 年起，腾讯成立资金规模达 50 亿元的腾讯产业共赢基金，通过投资将基础社交延伸至文娱内容、游戏和企业服务等领域，利用其强大的用户基础赋能被投资企业的成长，逐渐构建起庞大的投资生态系统，实现了战略和财务的双重成功。截至 2024 年 3 月，腾讯共投资了 1175 家企业，包括上市公司百余家，不乏知乎、哔哩哔哩、名创优品、蔚来等明星企业。在大模型领域，腾讯和阿里巴巴是国内最活跃的创业资本提供者。腾讯和阿里巴巴的介入为大模型初创企业提供了宝贵的场景和数字基础设施支撑，助力初创企业将自身的数字资源转化为价值创造，而内部自研和外部投资相结合的方式也使得这些互联网巨头能够更好地迎接和驾驭大模型的浪潮。

数字创业能力情境化

数字创业能力内涵

在数字经济时代，创业者或创业团队需要具备洞察数字创业局势、识别数字创业机会、捕获数字战略资源和领导数字创业活动的综合能力，即数字创业能力。要理解数字创业能力，首先需要解构企业的数字能力。与传统的资源基础观所关注的以企业稀缺性、异质性、不可流动性资源为核心的价值创造能力不同，数字能力强调以具有模块化、开放性、可供性和自生长性特征的数字资源为核心，连接企业网络中不同参与主体，聚合数据等资源并共同创造价值的能力。

如图 4.3 所示，数字能力包括数字连接能力、数据聚合能力、智能分析能力。其中，数字连接能力是指运用数字技术建立人与人、人与物、物与物之间新连接的联结的能力；数据聚合能力是指整合各环节、各渠道、各场景数据并构筑数据池的能力，反映了从已建立数字的通道中不断获取的数据、聚合生态及合作方数据的能力；智能分析能力是对数据池中的数据进行挖掘和分析、预测和洞察的能力，这也将是新一轮产业变革中每个组织必备的基本能力（刘洋等，2021）。

数字创业能力是指创业者或创业团队在高度不确定的环境中获取并管理各类资源，以识别和利用数字创业机会并实现价值创造的能力。数字连接能力、数据聚合能力和智能分析能力有助于创业者认知数字创业环境、发掘数字创业机会、管理数字创业资源，因此是数字创业能力的第一阶能力。作为一种高阶能力，数字创业能力可进一步解构为数字创业战略能力和数字创业动态能力。其中，数字创业战略能力指数字创业企业明确战略方向、制定并执行战略计划的能力（Zahra and Nambisan，2012）。这要求创业者或创业团队能够认清数字经济的趋势，积极思考如何运用数字技术来创造价值。数字创业动态能力指数字创业企业整合、构建和重构内外部数字资源，以适应不断变化的环境、敏捷地获取市场信息并有效管理数字市场风险的能力（Autio et al.，2018）。这要求数字创业企业能够灵活适应快速变化的市场条件和技术趋势，管理数字经济环境中的机会与威胁。

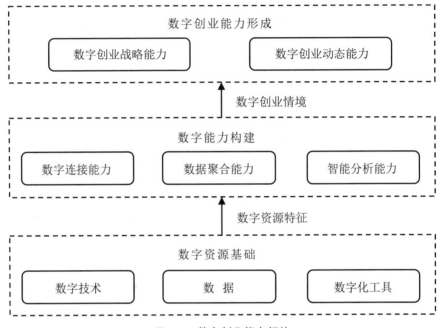

图 4.3　数字创业能力解构

数字创业能力构建

在数字经济时代，创业企业应该如何构建和提升数字创业能力，以适应快速变化的市场和竞争环境？结合动态能力理论和数字创业企业实践，本章提出了构建数字创业能力的三方面举措，包括理解数字创业环境、塑造数字创业认知和建设数字基础设施。

一是理解数字创业环境。Teece（2007）认为动态能力是企业在不断变化的环境中创造竞争优势的根本，并将动态能力解构为感知机会和威胁的能力、抓住机会的能力以及对威胁的管理能力。因此，对于数字创业企业而言，理解数字创业环境、感知环境中的机会与威胁是构建数字创业能力的第一步。数字创业企业需要保持对数字技术的最新趋势和市场竞争态势的敏感性，建立信息采集和监测系统，持续追踪市场环境的变化，并从变化中识别创业机会。

二是塑造数字创业认知。管理者认知是企业构建动态能力的基础，对于数字创业而言，创业者和创业团队的认知水平也是其数字创业能力形成的关键。数字创业认知包括：创业者的数字战略认知，即对数字经济的理解以及对行业数字化机会的洞察；问题搜索和归因，反映在创业者对于新技术、新趋势的学习和适应上；社会认知，体现在创业者与组织内外部成员互动、协作以形成的创新创业思维上，尤其是打破组织边界，以生态化的思维与其他利益相关者共建数字时代竞争优势的认知。

三是建设数字基础设施。数字基础设施是数字经济时代企业的核心能力与资产，数字创业企业可通过建设数字基础设施来构建自身的数字创业能力。这些基础设施涉及数字技术、信息系统、数字平台，包括但不限于创业企业的云计算和数据中心、数据分析工具、数字安全和隐私保护工具等。例如，钉钉依托阿里云等云计算资源，建设了稳定的云端基础设施，支持了数百万企业的数字化办公。这个数字基础设施提供了高度可伸缩性，使企业可以灵活应对不断变化的业务需求。通过建设数字基础设施，数字创业企业能够与平台生态的其他参与者共享信息和互补性资产，协同共创价值。

参考文献

[1]　蔡莉，葛宝山，蔡义茹，2019.中国转型经济背景下企业创业机会与资源开发行为研究.管理学季刊（2）：44-62，134.

[2]　郭海，杨主恩，2021.从数字技术到数字创业：内涵、特征与内在联系.外国经济与管理（9）：1-14.

[3]　郭润萍，尹昊博，龚蓉，2022.资源视角下数字创业企业竞合战略对价值创造作用机理的多案例研究.管理学报（11）：1588-1597.

[4]　何玉婷，曾雪云，曲扬，2019.Facebook的商业生态系统建设与盈利模式.财务与会计（14）：18-20.

[5]　刘志阳，赵陈芳，李斌，2020.数字社会创业：理论框架与研究展望.外国经济与管理（4）：3-18.

[6]　刘洋，应震洲，应瑛，2021.数字创新能力：内涵结构与理论框架.科学学研究（6）：981-984，988.

[7]　马蔷，李雪灵，刘京，等，2018.数据资源对企业竞合战略选择的影响机理研究——基于平台理论的多案例研究.经济管理（2）：37-54.

[8]　肖雄辉，傅慧，2023.数字创业成长：文献述评与研究展望.外国经济与管理（6）：118-136.

[9]　王节祥，瞿庆云，邱逸翔，2021.数字生态中创业企业如何实施平台镶嵌战略？.外国经济与管理（9）：24-42.

[10] 魏江，2023.数字战略的基础性问题.清华管理评论（6）：24-30.

[11] 余江，孟庆时，张越，等，2018.数字创业：数字化时代创业理论和实践的新趋势.科学学研究（10）：1801-1808.

[12] 周文辉，阙琴，2022.数字平台创业如何突破机会资源的双重约束.科学学研究（5）：896-905.

[13] 朱秀梅，刘月，陈海涛，2020.数字创业：要素及内核生成机制研究.外国经济与管理（4）：19-35.

[14] Amit R, Han X, 2017. Value creation through novel resource configurations in a digitally enabled world. Strategic Entrepreneurship Journal(3): 228-242.

[15] Autio E, Nambisan S, Thomas L D, et al, 2018. Digital affordances, spatial affordances, and the genesis of entrepreneurial ecosystems. Strategic Entrepreneurship Journal(1): 72-95.

[16] Barney J B, Ketchen D J, Wright M, 2011. The future of resource-based theory: Revitalization or decline. Journal of Management(5): 1299-1315.

[17] Dushnitsky G, Matusik S F, 2019. A fresh look at patterns and assumptions in the field of entrepreneurship: What can we learn?. Strategic Entrepreneurship Journal(4): 437-447.

[18] Khanagha S, Ansari S, Paroutis S, 2022. Mutualism and the dynamics of new platform creation: A study of Cisco and fog computing. Strategic Management Journal(43): 476-506.

[19] Nambisan S, Lyytinen K, Majchrzak A, et al, 2017. Digital innovation management. MIS Quarterly(1): 223-238.

[20] Porter M E, Heppelmann, J E, 2014. How smart, connected products are transforming competition. Harvard Business Review(11): 64-88.

[21] Rietveld J, Schilling M A, 2021. Platform competition: A systematic and interdisciplinary review of the literature. Journal of Management(6): 1528-1563.

[22] Teece D J, 2007. Explicating dynamic capabilities: The nature and microfoundations of sustainable enterprise performance. Strategic Management Journal(13): 1319-1350.

[23] Venkatramann S, 2018. Entrepreneurship in digital platforms: A network-

centric view. Strategic Entrepreneurship Journal(1): 54-71.

[24] Zahra S A, Nambisan S, 2012. Entrepreneurship and strategic thinking in business ecosystems. Business Horizons(3): 219-229.

第 5 章

数字创业组织

组织是一个由个体或团队组成的系统，其功能是协调具有不同偏好、信息、利益或知识的个体或团队之间的行动（March and Simon，1993）。从产业组织演化历史看，由于大组织存在内部协调和外部协同的高成本、高风险，过去的产业组织大多彼此独立，呈现原子式分布形态，或以产业集群形式呈现网络式分布形态。随着互联网技术和数字技术的发展，内部控制和外部协同成本同时下降，产业组织边界持续拓展，产业组织结构形态呈扁平化延展趋势。以数字平台、在线社区、虚拟社群等为代表的新产业组织不断涌现，无边界化的生态型组织成为产业组织演化的趋势（魏江等，2021）。

正是产业组织的快速演化引致了创业组织模式的变迁，聚焦数字生态系统的创业组织逐渐成为新的研究热点。数字创业组织的本质是围绕平台的开放性价值创造系统，使企业传统边界之外的参与者成为企业价值创造的主体。各主体栖于平台，实现共享共生，通过价值共创与生态赋能的方式实现共赢。本章将详细阐述数字创业组织的结构形态特征，解构数字创业组织的价值创造过程，进一步探究其成长演化路径。

数字创业组织结构形态特征

在数字经济时代，创业机会在实时大数据中动态涌现，创业资源快速流动且可再生。为捕捉、利用这些数字创业机会及数字创业资源，数字创业组织大多为扁平化的平台组织，呈现在线化、网络化、模块化特征。在生态型数字创业组织中，个体和团队占据不同但彼此相关的生态位，共同组成了动态变化的复杂系统。不同主体之间、主体与环境之间持续地共生演化，由此，数字创业生态系统在自组织和自平衡中发展壮大。本部分将围绕数字创业组织的基本构成展开探讨，并在此基础上对数字创业组织的新特征予以初步阐释。

数字创业组织构成

生态型数字创业组织多以镶嵌于平台的社群模式存在，个体或自组织团队基于特定目标自发聚散，组成了柔性的创业共同体（魏江等，2021）。以平台为底层支撑，数字创业组织的边界处于动态变化之中，数字创业资源在组织内部的个体层、团队层、平台层自发涌现、自由流动。从构成上看，数字创业组织呈现出"平台架构＋小团队＋多个体"的形态，其主体包括数字创业者、数字消费者等数字创业个体，实体和虚拟的数字创业团队，以及数字创业组件和平台主组成的数字创业平台（见图 5.1）。

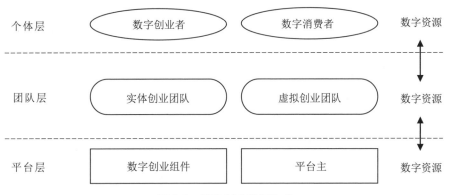

图 5.1　数字创业组织构成

第一，数字创业个体。

开放的组织边界使得数字创业组织包含多样化的个体，既包括价值创造直接涉及的关键参与者（数字创业者与数字消费者），也包括为价值创造提供辅助服务的辅助性互补者（物流供应者、资金持有者等）（魏江和王颂，2023）。本章重点关注前者，因为数字技术极大程度上重塑了这些关键参与者的构成与特性。

数字创业者的特殊性体现在两个方面：一是功能定位。作为数字创业最基本的主体，数字创业者（包括技术开发者、产品生产者、商业化实行者等）利用自身数字创业知识与能力开展数字创业活动。因此，数字创业者充当了把数字技术转变为创业核心要素的身份和角色，其功能发挥离不开数字技术和网络工具。二是概念内涵。创业机会和资源的数字化使得创业者难以被预先定义，这是由于获取数字创业想法和开发数字创业资源涉及更广泛、更多样化的能力，无法被单一个体独占。因此，数字创业者往往是一组具有不同目标、动机和能力的动态发展的行动者集合，以集体创业的方式识别或构建数字创业机会（Browder et al.，2019）。

数字技术改变了数字消费者的权力地位，使得消费者市场选择的权利逐步增强，对企业运作的参与也日益加深。加之，数字技术促进了社交共享和共同消费模式的发展，赋能消费者参与数字创业组织的资源共享与整合环节。基于此，用户创新、消费者共创等成为数字创业的热点话题，学者们开始关注数字创业者与数字消费者如何协作，以开发和利用数字创业机会。此外，消费者"反客为主"成为创业者的用户创业模式也日益普遍，并受到了广泛关注，这同样得益于数字技术对创业过程单向线性的破坏。

第二，数字创业团队。

数字创业团队是由负责新企业数字战略决策和数字化运营的个体所组成的团队，广义上包括创立之初就利用数字技术开展创业活动的团队和通过数字技术进行二次创业或商业模式创新的转型中团队（Browder et al.，2019）。

从团队性质来看，数字创业团队包括实体团队和虚拟团队。前者指的是依托有形空间与设施，通常本地化地垂直整合共享资源以开发数字创业机会，后者则依托于以数字网络为基础的虚拟创业空间，利用无边界、无形化的数字创业资源开发数字创业机会。本章重点关注虚拟团队，因其是数字创业高数字性的突出表现，也是数字创业活动的重要参与者之一（朱秀梅等，2020）。区别于传统创业团队，数字创业组织中的虚拟团队具有如下特征。

一是就团队构成而言，虚拟团队已经不局限于人与人的组合。数字技术催生了以虚拟数字人为代表的数字创业团队成员，因而虚拟团队还包括人与机器、人与人工智能的组合。例如，2021年9月，我国首个超写实数字人 AYAYI 宣布入职阿里巴巴，成为天猫超级品牌日的数字主理人，二者将共同开启元宇宙的营销世界。

二是就团队职能而言，虚拟团队具备更开放的功能。虚拟空间由各种在线资源和平台组成，基于此，虚拟团队不仅可以实现高效且透明的知识共享，还可以突破时间和空间限制，在几近垂直分解的全球价值链中实现开源化协作（Browder et al.，2019）。

三是就团队治理而言，虚拟团队与共享式领导（shared leadership）高度匹配。相较于传统团队，虚拟团队的任务往往更具突发性，更加碎片化，这要求团队领导力具备高度的响应灵活性与及时性。因此，传统垂直型领导在虚拟沟通情境下的有效性降低，由多人担任领导角色、协作决策、知识共享、共担责任的共享式领导模式可能更有助于团队成员实现共同目标。

第三，数字创业平台。

数字创业平台指的是一套具有共享和通用性的服务和架构，用于承载互补产品的生产活动，如 Android 系统、华为开发者联盟等。数字创业平台由技术维度的数字组件和治理维度的平台主两大部分组成。

数字组件是能够为用户提供特定功能或价值的单独的软件或者硬件，以及最终产品的智能构成部分，包括电子配件、应用程序和媒体内容等。这些数字组件赋予了平台可重编程性、可连接性、生成性三大技术可供性，使数字资源可用于不同用途，并被不同主体利用（Autio et al.，2018）。各主体得以自由灵活地与彼此建立直接联系、配置资源、共创价值。例如，在 GitHub、Steam 等开源社区，创业活动以自组织的形式开展——各主体自发提出任务构想，公开内部数据或模型，吸引具有相同目标的成员交互共创。

　　平台主是提供数字基础架构和互动规则、实施平台治理的主体。就构成界定而言，平台主通常为生态系统核心的单一企业，例如华为构建的华为开发者联盟，也可以包含多个平台企业，例如阿里巴巴生态系统中的平台主，包括支付宝、淘宝、菜鸟、钉钉、阿里云等多个平台企业。就主体地位而言，平台主占据更有优势的网络地位（王节祥等，2021）。平台主作为中介连接多边主体，发起多边市场，因此具有区别于其他网络成员的控制权、决策权与所有权，以及平台数据等独占性资源。就任务分工而言，平台主在数字创业组织的价值创造中也承担着独特的任务分工，需要识别并协同广大参与者的价值诉求，通过合理的资源协调与配置，赋能共同利益实现的过程。

数字创业聚焦 5-1 🔆

乐高：数字时代的平台化产品创新 [①]

　　数字时代拉近了人与人间之间的距离，同时也为乐高获取玩家的体验创意创造了机会。值此良机，乐高利用数字时代的数字社交工具实现了用户创意支撑产品创新，充分利用了自己的"超级用户"，激活了私域流量，让用户的创意发挥了强大的力量。用户创意支持产品创新主要是利用数字社交工具来实现的，乐高提供给用户众多的沟通、交流方式，帮助设计师收集用户的体验创意，形成实体产品，同时作为线上平台为用户提供售后服务，进而实现用户对产品创新的支持。

　　具体而言，乐高围绕自己的粉丝，打造了名为"乐高创意"（Lego

[①] 资料来源：中国管理案例共享中心（刘德胜、惠朋、张善亮：《数字化赋能用户与产品的连接——乐高的数字化转型之路》）。

Ideas）的线上社区，汇集了来自全世界各地的粉丝和创作者，他们可以参与线上比赛，传达自己的玩具创意，评选他们所认可的、具有创造价值的产品。同时，乐高也在其中设置激励机制，当用户的作品脱颖而出时，乐高便会给予其相应的奖励，以吸引更多用户参与进来，获取更多的优秀创意支撑产品创新，从而有利于产品的创新迭代。2021 年，乐高创意社群已经有超过 180 万名注册会员，提交了超过 3.6 万个项目，这其中已经有几十个推向市场，包括来自美剧《老友记》的 Central Perk 玩具套装（该套装在发布几小时内就被抢购一空）、来自 NASA 的土星 5 号火箭套装等。

吃饭、聊天、逛街、旅行……创意总在不经意间涌现，为方便用户在最短的时间内用自己的创意形成作品，乐高给用户提供了乐高数字设计器，它是用于构建 3D 乐高模型的软件程序，为用户提供了近 1500 块积木，他们可以在网上构建自己的乐高模型，也可以将其下载到自己的终端，实现随时随地的设计、修改和提交。一旦模型完成，用户可以用其生成一个乐高盒子，里面包含模型的所有部分和建筑说明，便于对用户创意产权的定位和保护。

同时，乐高完善了官方网站的社交功能。当需要产品售后服务时，用户可以在官方网站解决问题或者获取到准确的联系方式，并由此得到数字化的售后服务以及舒心的消费体验。在此过程中，乐高注意把握与用户交流的机会，展开思想创意的碰撞，由此产生创新因子，使产品向着更好满足用户需求的方向进步。

数字创业组织特征

区别于线下孵化器与产业集群等非数字创业组织，生态型数字创业组织具有超模块互补、多图层嵌套和开放性自生三大特征。

第一，超模块互补。

在传统模块化组织中，企业内部价值链自上向下逐层分解，形成独立负责产品不同组件的模块，每个模块完成一个特定的子功能（March and Simon，1993）。所有模块按既定的规则组装起来构成企业组织的整体，进而完成整个组织所要求的功能。为了保持各模块的独立性以实现高效治理，组织需要提高模块内部的联结强度，尽可能降低模块间的联结强度。

而在平台化结构下，数字创业组织已成为规模巨大的生态系统，对模块间联结协调的需求大大增加，更具复杂性的超模块互补结构应运而生。基于任务和关系双重逻辑的超模块互补是数字创业组织赖以生存的网络效应的基础，也是数字创业组织区别于传统组织形态最突出的特征（Jacobides et al.，2018）。超模块互补是指不同功能的模块相互补充和协同工作——当一些模块在特定的任务上具有优势和专长，而另一些模块在其他任务上具有优势和专长时，它们可以协同起来相互弥补不足，从而提供更全面、更高效的系统解决方案，实现更高层次的整体效益。

在任务逻辑下，超模块互补结构意味着各模块的任务分工是彼此高度关联的，单一模块的价值和效用往往依赖于生态型组织中其他模块的价值和效用，以及其与这些模块的联结强度。例如，在 iOS、Android 等应用生态系统中，应用程序的存在增加了操作系统的价值，操作系统在消费市场的推广程度也增加了嵌入其中的应用程序的价值。在关系逻辑下，超模块互补结构意味着各模块不再基于标准化的解构规则独立存在，而是相互交织、相互支持、功能互补的关系结构。基于此，数字创业组织中的创业个体和团队得以围绕着特定目标，与平台的其他互补者共同塑造创业机会，并开放性地整合全平台资源。

综上，平台化结构下，数字创业组织的超模块互补特性使生态系统得以出现，因其允许一组不同但相互依存的个体与团队在松散耦合的结构中进行自主协调（Jacobides et al.，2018）。一方面，任务的模块化分解使得创业个体和团队在设计、定价和操作各自的模块方面具有很大程度的自主权，赋能其进行自主的价值创造。另一方面，彼此互补的模块以平台主预定义的方式互联，基于标准化的流程和规则进行系统性协调，实现生态伙伴的共同目标。

第二，多圈层嵌套。

面对庞大的组织规模与超模块互补的需求，层级森严的科层制模式难以运作，数字创业组织的价值分工模式与承载价值创造活动的网络结构愈发微粒化，呈现出多圈层网络嵌套共生的特性（魏江等，2021）。具体而言，数字创业组织中的网络中心不再停留于组织圈层，或局限于单一的核心企业，而是深达自组织团队甚至个体行动者。究其原因，在于数字技术，特别是搜索引擎技术，极大地降低了市场搜寻和匹配成本，赋能平台参与者搜索、阅读彼此的身份信息，并直接查看彼此在线发布的资源内容。因此，组织内的个体或团队能够基于共同目标与利益诉求自发形成子网络，进行任务分配与价值创造。以不同个体或团队为中心的子网络彼此嵌套、协同共生，进一步构成了整个数字创业组织的复杂网络生态，支持超模块互补的实现。

基于此，数字创业组织是多个子组织嵌套交织集成的复杂生态系统。不同个体和团队构成的子组织在各自的圈层生成内部平台系统，执行彼此独立但又相互依赖的价值创造活动。同时，同一图层的多个子组织也作为整体，是整个生态系统的参与者，与其他圈层的子组织协同，交换内外部资源和信息，从而实现结构上由小及大的多圈层嵌套（魏江和王颂，2023）。这种存在于复杂系统内部的多圈层嵌套关系，确保了不同圈层的平台能在彼此的支撑下有序运作，形成能够快速聚合资源的生态圈体系。不同圈层的子组织不再是上下级的关系，而只是工作分工不同，各图层平台主也不再是在科层制体系中受命于上层平台主的执行者，而是自主决策的行动主体。

例如，阿里巴巴的生态系统中包含电商(淘宝和天猫)、支付和金融(支付宝和蚂蚁金服)、物流和供应链（菜鸟网络）、云计算（阿里云）等多个圈层。淘宝、支付宝和菜鸟网络等不同圈层子组织之间的协调合作促进了阿里巴巴生态系统的整体发展和壮大。通过整合和优化各个业务领域的资源和能力，阿里巴巴能够提供多个领域的综合性解决方案，满足用户和市场的不同需求。同时，每个圈层内部是相对独立的子平台系统，可进一步模块化至更细分的圈层。例如，淘宝平台上嵌套着数以万计的店铺与直播电商，以及阿里巴巴的聚划算和天猫平台，这些子圈层与电商之外的其他圈层密切协同，集成起来负责整个电商圈层的业务模块。由此，阿里巴巴的生态系统形成了多圈层嵌套交织的复杂结构。

综上，数字创业组织由多圈层嵌套的子组织、子平台、子生态构成，为创业活动提供了更加灵活的任务分配与价值创造方式，使得信息、知识、资源等要素在多主体之间有机地协同。

第三，开放性自生。

传统组织边界清晰，其规模局限于核心企业组织，而组织参与者与核心企业是相对独立的，位于供应链上下游的不同环节。相较而言，数字创业组织的边界开放且模糊，拓展了组织规模的外延，包括平台主与复杂的平台参与者，后者通常为嵌入平台的创业个体和团队。创业企业、消费者、政府、高校及科研机构、金融机构等大量异质性主体形成利益共同体，在同一生态内形成完整的"生产—消费"闭环（王凤彬等，2019）。由此，平台主和参与者栖息于基于共同目标的互利生态，二者相互依存，在开放的平台生态中自主协调、自发生长。

平台主为数字创业组织中的创业个体和团队带来了机会和资源的集聚优势，是平台主体、资源等要素开放性自生的根本支撑。具体而言，平台主提供开放的底层数字基础设施以及规则保障，并让渡部分控制权以强化网络效应和构建竞争优势。这使得各创业主体间的联结方式与资源整合模式发生根本性转变——创业个体与团队有机会直接触及自身所需的多样化资源，进而突破信息壁垒和资源流动限制，实现搜寻和匹配成本极低的资源获取。基于此，非集成状态无法构造的"生产—消费"闭环与动态增强的规模效应得以在平台生态系统中实现，数字创业机会与资源在动态发展的柔性网络中自由流动、共享、逐步自生长。

平台参与者也是平台的有机组成部分，是平台主体、资源等要素开放性自生的主力军。创业者、创业团队等平台参与者彼此交互以创造共享价值，缺少参与者的平台会失去存在的意义。得益于数字技术的嵌入，平台生态中的信息和资源变得透明、可复制、可模仿，能够快速地被大规模个体低成本、低限制地重复使用（魏江等，2021）。这有利于各主体实现更具生态性的知识共享与多元共创，推动数字创业组织自驱动地增长。随着越来越多的参与者加入生态系统，平台的价值会不断增长，规模会不断扩大，进而吸引更多的参与者加入。这种正反馈的循环能够为平台的持续发展提供动力，形成良性的生态循环。

综上，数字创业组织由封闭的系统转变成了开放的生态圈，各主体秉持共享共利的原则，将传统价值链转变为柔性的价值网络，机会、资源和组织在复杂的价值网络互动中呈现自生长趋势。

数字创业聚焦 5-2

海尔：多层次嵌套的开放生态系统[①]

海尔打造了充满灵活性和开放性的平台组织模式，其数字创业组织是由小小微、小微（小平台）、行业（中平台）、领域（大平台）和集团构成的多层次嵌套系统。具体而言，打造多层次嵌套的开放生态系统需要做到以下两方面。

一是平台组织的模块化解构。海尔将平台组织的核心细分为业务平台、共享平台、资源平台等不同功能的子平台，并按照不同粒度进行逐层的模块化，这些模块具有功能上的异质性、互补性。基于此，海尔形成了高阶平台嵌套低阶多样化子平台的企业平台组织，呈现出树状的层次性结构。通过模块化解构，海尔不仅将管理支持与业务支持作为不同的服务事项区分开来，而且实现了细粒化的"需求—服务"匹配，提高了资源搜寻和发现的速度，从而为平台使用者提供了即插即用式的便利。开放、平等的各层创业主体自主决策、自主用人、自主经营，并进行跨界联结与自主协同，推动平台生态圈体系不断扩张。

二是各模块的再集成。平台组织模块化解构之后，还需按照一定规则

---

① 资料来源：王凤彬，王骁鹏，张驰，2019. 超模块平台组织结构与客制化创业支持——基于海尔向平台组织转型的嵌入式案例研究. 管理世界（2）：121–150，199–200。

加以再集成，才能成为协同运作的松耦合整体。从纵向联结来看，海尔集团层负责把握总体战略，设计驱动机制（如投资驱动和用户付薪等机制），并且投资布局各大层级，作为天使投资者和股东持股小微企业，同时建立集团范围的大共享平台进行跨层协调。从横向联结来看，组成超模块化平台组织的各模块单元之间通过设置跨界者、桥接者角色形成正式的界面关联机制，同时以"同一目标、同一薪酬"为界面协同的总原则，将共创共赢的共同信念植入各模块单元，形成非正式的自主协同机制。基于此，各圈层、各模块得以实现集成，成为生态层面大规模创新创业活动的有力支撑。

数字创业组织价值创造模式

数字技术赋予了数字产品独特的使用范围、特性和价值，使其被引入市场之后也可以重新迭代、继续发展。因此，数字创业过程打破了不同创业阶段之间的界限，并为其发展带来更高的不可预测性、动态性与非线性（Nambisan，2017）。例如，应用程序可以迭代多个版本，并对先前的版本进行覆盖，在验证和探索中不断地循环，以最小的成本验证产品可行性，灵活调整方向。由此可见，数字技术不仅为创业主体提供了新的机会，还对其价值创造模式产生了更广泛的影响。

传统的创业组织往往强调对核心资源和能力的控制，而数字创业组织更倾向于通过开放协作实现价值共创。传统组织的价值大多由核心企业创造，并传递给外围的利益相关者，抑或卷入消费者进行辅助性价值创造。与之相反，数字创业组织的价值创造中心不再局限于单一的核心企业（平台主），而是在很大程度上依赖网络外部化，即利用参与者的生产能力来产生经济价值。因此，战略性开放资源以赋能参与者的创新活动成为生态型创业组织价值创造的重要方式。例如，携程向酒店开放技术资源，赋能酒店优化价值链，提升服务质量和智能化管理水平，与之共同探索疫情危机下快速自救的道路。

数字创业组织价值共创的基本机制是各主体协调彼此的价值诉求，形成共同利益联结，并在互动过程中交换与整合资源，完成共享价值的创造（Gummesson and Mele，2010）。具体而言，价值共创包括价值诉求协同和共享资源整合两个子过程，二者相互融合、相互促进。其中，价值诉求协同指的是共创主体通过交流与学习建立互惠互利的共同愿景、产生共创意愿的过程；共享资源整合指的是共创主体通过协调和匹配来将资源整合到彼此的价值创造过程中，进而实现资源共同开发与利用的过程。

价值诉求协同

根据数字创业组织的任务分工，价值共创的第一步是平台主协调多元的价值诉求以形成平台价值主张，并确保参与者有效理解和认同。区别于传统企业价值主张，数字创业组织中的平台价值主张具有两个方面的独特之处。

第一，多向交互。

在传统的科层组织和核心型网络组织中，网络中心位企业或者中心节点单向地向网络参与者传递价值主张。而在数字生态组织中，平台主和各类参与者可以进行多方互动来协调价值主张。平台价值共创的独特性体现为平台的核心地位与枢纽作用。基于共同认可的价值主张，平台主得以吸引互补的多边主体参与到平台价值链当中，投入和共享互补性资源，实现价值共创。因此，作为参与者价值创造的共同目标，平台价值主张本质上是平台主向参与者做出的收益承诺，驱动着平台内的资源流动与主体协作，其实现代表着平台主和参与者的共赢。

这要求数字创业组织中各主体在提出价值诉求时兼顾利他性。一方面，倘若平台主聚焦于吸纳互补者来实现利己目的，而不去满足互补者的价值诉求，那么平台规模将十分有限，导致平台赖以生存的规模效应无法实现。因此，平台主往往致力于构建共同愿景，以协同和放大不同领域内主体间的利益共同点，激发网络效应，促进生态系统建设。另一方面，创业个体与团队等平台参与者具有各异的利益诉求，他们通过竞争、互补等协同策略在平台框架内获取开放的资源，实现协同共生（王节祥等，2021）。而为了更大限度地实现协同，找寻互利互惠的利益联结点，平台参与者也需兼顾彼此的价值诉求，开放共享资源以提升价值创造效率。

第二，动态迭代。

传统企业通常在成立之初就明确定位其产品或服务的目标市场和消费者群体，并且在较长的时间范围内保持相对稳定，因此其价值主张代表了其在市场中的稳定定位。与之相反，平台价值主张不是一成不变的静态信念，而是伴随着平台主和参与者的交互快速地动态更新。平台参与者与彼此松散耦合，持续更新合作伙伴，其价值诉求也伴随着新资源组合和新机会的不断涌现而发生阶段性迭代（Dattée et al.，2018）。因此，平台价值主张需要在不同阶段更新与演进，充分适应各共创主体的价值诉求与互动方式变化，进而打造可持续的价值共创环境。如若不然，拥有重要互补资源的核心共创主体将形成薄弱的资源投入意愿，而核心共创主体的缺失将直接导致平台价值共创无法开展，甚至引发整个共创系统的迅速衰亡（杜勇等，2022）。

根据 Gummesson and Mele（2010）提出的模型，价值诉求协同包括三个阶段：一是交流（dialog）。各主体发展丰富的网络连带以交换信息，相互推理对方的价值诉求，分析对方的价值创造资源和能力。在此过程中，各主体塑造各自的价值主张，匹配彼此的目标、知识和技能。二是资源转移（resource transfer）。在确定彼此匹配的基础上，各主体交换和共享资源，形成整个数字创业组织的资源池，以待各主体在后续的共享资源整合环节加以重组利用。三是学习（learning）。各主体在持续的学习过程中交换信息、转移资源，以产生新的显性和隐性知识体系。这种基于协同产生的新知识得以将原先具有不同价值诉求的个体嵌入同一愿景，使其价值创造活动具有目标一致性。

共享资源整合

在协同价值诉求、生成一致性价值创造目标的基础上，各主体需要进一步将共享资源整合到彼此的价值创造流程中，实现价值共创（Gummesson and Mele，2010）。共享资源整合包括互补性资源整合与冗余性资源整合。前者是拥有互补资源的主体集成为一个整体，共同定义全新价值创造方案的过程；后者则是各主体合并相似和重叠的资源与流程，提升共创系统效率的过程。特别地，数字创业组织中的资源在庞大的群体间共享，具有动态自生长特性（魏江等，2021）。这要求各主体在不断涌现的商业机会和挑战中进行更加灵活的资源重组和配置，以快速、弹性适应复杂且动态变化的市场需求。在此情境下，数字创业组织中的各主体可以采取生态系统编排策略进行资源整合（Stonig et al.，2022）。

就平台主而言，作为数字创业组织的核心控制企业，其往往主导资源的聚集、整合与配置，通过生态系统编排搭建平台价值共创系统。为了协同系统参与者之间的关系，平台主联结多方利益相关者形成资源交互、信息传递、自由合作的生态圈，实现为每一个生态伙伴赋能的价值主张。在此过程中，平台主凭借自身对技术、数据和资金等资源的所有权优势维系生态的建设和运行，在生态系统的顶层进行资源协调，并利用各主体的开放性价值共创实现生态反哺。例如，Google 通过开放系统编排搭建了 Android 这一开源的移动应用生态系统，提供开放的应用程序接口，赋能开发者、设备制造商和用户共同参与并共创价值。

就平台参与者而言，随着生态系统的建成，各参与者在资源的拾取与配置方面拥有更大的自主性，可以自发形成利益联结，与平台主共同促进资源开发和资源互补。平台参与者通过资源编排对系统资源进行构建、捆绑与利用，有助于其利用平台生态系统把握涌现的创业机会，建立动态能力与竞争优势（朱秀梅等，2020）。然而，由于镶嵌于平台生态系统内部，各参与者的资源整合仍然受到平台主的规制，甚至是"打压"和"封杀"，例如淘宝对蘑菇街的封禁。对此，平台参与者可以采取多栖策略，即连接多样性竞争平台进行跨平台资源整合，避免单一平台的技术锁定，亦可参与到平台价值创造不同环节的资源整合中，以构建多重身份，提高平台控制成本（王节祥等，2021）。

数字创业聚焦 5-3

小米：商业孵化型平台生态系统的价值共创[①]

从 2010 年公司创立，到 2021 年成为行业翘楚，小米经历了 10 余年的不平凡风雨，已不再仅是一家手机制造企业，而是一家以智能手机、智能硬件和 IoT 平台为核心的消费电子及智能制造公司。自 2013 年提出生态链的概念以来，小米逐步创建了以自身为平台的生态系统，如今，小米已凭借生态链模式在充电宝、空气净化器、扫地机器人等多个领域成为行业第一。

小米生态链对参与者的投资孵化模式主要有三种：①小米在产品定义、工业设计、产品研发、品质控制等方面为生态链企业提供全方位支持；②小米提供品牌、渠道、营销、销售和售后支持；③小米以零孵化、合资、占股的形式帮助生态链企业创业。具体而言，小米协同参与者价值共创一般遵循如下过程：①寻找潜在的参与者；②输出小米"新国货"和极致性价比的理念，确保参与者与小米具有一致的商业认知；③小米与参与者共同定义产品、主导设计、协助研发，给参与者背书供应链并进行品质控制；④撬动小米自己的品牌、流量、电商渠道帮助生态链产品成为"爆品"。

在整个小米生态系统的价值创造与体系成长过程中，作为平台主的小米和作为参与者的生态链企业都起了重要作用。一方面，小米作为孵化平台提供了巨大的资源支持，包括商业认知培育、平台资源支持、平台网络协调三个维度。另一方面，生态链企业对整个生态系统的反哺也作用显著，体现在扩充架构资源、开拓生态市场、提升产品数量与质量等方面。由此

---

① 资料来源：张化尧，薛珂，徐敏赛，等，2021. 商业孵化型平台生态系统的价值共创机制：小米案例. 科研管理（3）：71-79。

可见，小米生态系统中的价值创造模式是"杠杆式 + 滚雪球式"的价值共创，正是有这样的成长机制，才表现出小米及被孵化企业的快速成长。

数字创业组织成长演化路径

生态型数字创业组织的成长和发展，实质上是中心平台网络效应构建、拓展与强化的过程（肖红军和阳镇，2020）。平台主在发展伊始通常会构建一个包含关键互补者的专有网络，随后逐步向其他互补者开放，逐步增强网络效应。在此阶段，平台价值共创的主体不断扩充，机制日渐完善。随着网络效应逐步激发并强化，数字创业组织的价值共创也相应地从单体式向生态式演变。在此阶段，共创系统各主体在互动中实现价值创造，以及参与者绩效和平台发展的协同。本部分将结合海尔开放创新平台（HOPE）的具体案例，详细分析生态型数字创业组织的构建过程及其价值共创机制的演化路径（如图 5.2 所示）。

单体式构建阶段

在生态型数字创业组织构建初期，平台主在价值共创过程中往往扮演着主导者的角色，主要任务是围绕自身需求吸引潜在参与者，驱动其合作与共创，实现网络效应涌现。为了引入外部技术以支持组织内的产品创新，海尔打开了组织边界，搭建了围绕产品与模块创新活动的搜索引擎——HOPE。HOPE 承担了外部技术引入辅助的功能，是组织内部需求方参与者向外部搜寻技术资源的"代理人"。

此阶段海尔的价值主张为满足其内部的产品创新需求。为实现这一价

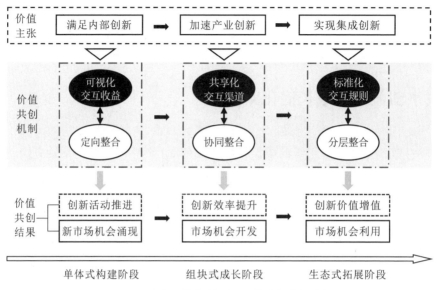

图 5.2　生态型数字创业组织的成长演化路径

值主张，海尔依托 HOPE 搜寻特定的技术供给方，点对点地吸引其加入组织内部的创新创业活动，与内部需求方参与者进行价值共创。在此过程中，HOPE 提供了可视化的交互收益以协同多元的价值诉求，并通过对资源的定向整合来推动组织内的价值共创。

一是可视化交互收益的价值诉求协同机制。平台主面向技术供给方明确其加入平台后将获得的收益，以此吸引目标技术的供给方加入平台。得益于海尔是全球最大的白色家电制造企业，HOPE 对参与者而言品牌效应显著。此外，HOPE 在构建初期也会主动向技术供给方明确双方合作的具体方向及利益分配等，以激发技术供给方主动参与价值共创的意愿。

二是定向整合的共享资源整合机制。平台主明确资源匹配的目标主体，并定向分配、有效对接供需资源。为了避免供需资源的错配和资源浪费，

HOPE 收集并拆解了海尔内部产业线的技术需求，并以此作为向外搜寻和对接技术所有者的基础前提。

基于此，本阶段内，海尔依托 HOPE 缔结开放性组织网络，实现了组织内产品创新需求与目标技术供给方的有效桥接。基于此，海尔与平台参与者实现了双赢：对参与者而言，拥有异质性技术资源的供给方获得了与海尔这一大企业合作的机会，顺利实现了技术成果的转化。对平台主而言，HOPE 利用海尔的市场影响力吸引了大量技术所有者，建立了生态雏形与规模，资源协调能力和交互治理能力也得到提升。此后，HOPE 开始探索从海尔企业内部的信息收集中心向独立的产业创新平台进行转变。

组块式成长阶段

随着组织边界不断扩张，平台主在价值共创过程中给予参与者更大的自主权，从主导者转变为引导者，支持各参与者自主共创，实现网络效应强化。经过上一阶段的有效推进，大量的异质性技术供给方主动加入平台以寻求与海尔的市场合作机会。为了辐射带动组织边界内外的供需方主体自主共创，平台逐渐转变为引导组织内产业创新发展方向的引路人。

此阶段海尔的价值主张为加速产业技术创新。为实现这一价值主张，HOPE 以特定产业创新发展需求为起点，激活和引导供方参与者同潜在参与者形成组块，从而带来新的网络主体与资源。在此过程中，HOPE 提供了共享化的交互渠道以协同多元的价值诉求，并通过对资源的协同整合来推动平台内的价值共创。

一是基于共享化交互渠道的价值诉求协同机制。平台主开放组织外部创业主体的交互边界，保障内外部主体在机会和资源可触及性等方面开放平等。为了激发和巩固主体价值共创的动力，HOPE 优化了供需两方主体间的交流渠道和知识分享机制，构建对外开放的社群来促进技术的迭代创新。

二是基于协同整合的共享资源整合机制。平台动态匹配目标主体，联合供需方参与者共同定义产业创新方向。HOPE 一方面继续承接其作为海尔智库的功能，围绕海尔内部产品需求进行资源对接和搜寻；另一方面也通过企业沙龙与满足第三方需求等手段，聚焦与产业发展密切相关的超前科创技术，关注潜在的创新机会和产业竞争威胁。

基于此，本阶段内，HOPE 对海尔外部需求的关注程度逐渐上升，内外部参与者开始依托平台共同探索技术创新。同样，海尔与平台参与者通过价值共创实现了双赢：对参与者而言，供需两方的参与者均能借力于HOPE 汇聚的产业资源，提高创新效率，加快技术成果的市场化进程。对平台主而言，HOPE 借助内外部创业主体的自主互联实现了规模的快速扩大，同时也吸纳了海尔外部的创业机会与资源。由此，平台逐渐走向供需方交互过程的中心位置，并积累了其作为产业创新平台的市场影响力。

生态式拓展阶段

随着平台发展壮大，各主体在与彼此密切而频繁的互动中碰撞出新的机会、知识和资源，其价值共创呈现出较强的生态性。此时，平台已实现了系统架构的优化及相关底层能力的积累，逐渐变为价值创造活动的赋能者和协调者。平台内参与者开始自主搜索和连接、生成子网络与子组织，涌现出多主体共生、自发展演化等生态系统的基本特征（孙聪和魏江，2019）。由此，此阶段海尔的价值主张为实现集成创新。为实现这一价值主张，HOPE 不再强调直接介入和主导参与者间的交互过程，而是强化其作为平台主的中心控制权与利益分配权，让渡部分决策权和剩余价值，来激励生态内异质性参与者共同"做大蛋糕"。

在此过程中，HOPE 提供了标准化的交互规则以连接更广泛的参与者，协同多元的价值诉求，并通过对资源的分层整合来对不同圈层的子网络进行分层赋能，形成雨林式的生态共创结构。

一是基于标准化交互规则的价值诉求协同机制。平台主面向所有参与者明确交易流程和规则，以支持多边参与者子网络的互融互通。作为生态系统的发起者和领导者，平台主在资源配置、收益分配等规则制定方面具有优先权，需要对所有参与者一视同仁。HOPE 通过统一入口、统一流程、统一数据、统一底座来赋能参与者的产品创新，并以此明确平台主的中立地位，促进价值共创。

二是基于分层整合的共享资源整合机制。即平台不预设目标连接对象，基于参与者的异质性来对其进行差异化赋能。HOPE 会分析参与者的资源禀赋和其所在的生态位来对不同参与者进行分层整合。对于组织外部有潜力的科技中小企业，HOPE 则会联合海尔海创汇等创业孵化机构对其进行股权投资。而对于组织内部的小微企业，HOPE 往往会为其提供经验指导和模式输出，并在企业有创新需求时加以卷入。

基于此，本阶段内，HOPE 成为生态系统参与者价值共创的底层依托和权力中心，集成生态系统内若干子组织的价值创造，进而构建生态系统整体的竞争优势。对平台参与者而言，生态系统的资源聚集效应显著，各参与者不仅可以满足既有的创新需求，也能在与彼此的交互中发现并开发新的市场机会。对平台而言，HOPE 在生态性的价值共创中提升了参与者对平台价值主张的认可程度，同时也生成了平台生态系统发展的自驱力。由此，海尔得以依托 HOPE 构建能够进行供需对接、资源共享、创新赋能的生态型数字创业组织。

参考文献

[1]　杜勇，曹磊，谭畅，2022.平台化如何助力制造企业跨越转型升级的数字鸿沟？——基于宗申集团的探索性案例研究.管理世界（6）：117-139.

[2]　孙聪，魏江，2019.企业层创新生态系统结构与协同机制研究.科学与研究（7）：1316-1325.

[3]　王凤彬，王骁鹏，张驰，2019.超模块平台组织结构与客制化创业支持——基于海尔向平台组织转型的嵌入式案例研究.管理世界（2）：121-150，199-200.

[4]　王节祥，陈威如，江诗松，等，2021.平台生态系统中的参与者战略：互补与依赖关系的解耦.管理世界（2）：10，126-147.

[5]　魏江，刘嘉玲，刘洋，2021.新组织情境下创新战略理论新趋势和新问题.管理世界（7）：13，182-197.

[6]　魏江，王颂，2023.企业创新生态系统.北京：机械工业出版社.

[7]　肖红军，阳镇，2020.可持续性商业模式创新：研究回顾与展望.外国经济与管理（9）：3-18.

[8]　朱秀梅，刘月，陈海涛，2020.数字创业：要素及内核生成机制研究.外国经济与管理（4）：19-35.

[9]　Autio E, Nambisan S, Thomas L, et al, 2018. Digital affordances, spatial affordances, and the genesis of entrepreneurial ecosystems. Strategic

Entrepreneurship Journal(12): 72-95.

[10] Browder R E, Aldrich H E, Bradley S W, 2019. The emergence of the maker movement: Implications for entrepreneurship research. Journal of Business Venturing(3): 459-476.

[11] Dattée B, Alexy O, Autio E, 2018. Maneuvering in poor visibility: How firms play the ecosystem game when uncertainty is high. Academy of Management Journal(61): 466-498.

[12] Gummesson E, Mele C, 2010. Marketing as value co-creation through network interaction and resource integration. Journal of Business Market Management(4): 181-198.

[13] Jacobides M G, Cennamo C, Gawer A, 2018. Towards a theory of ecosystems. Strategic Management Journal(8): 2255-2276.

[14] March J G, Simon H A, 1993. Organizations (2nd edition). New York: Wiley-Blackwell.

[15] Nambisan S, 2017. Digital entrepreneurship: Toward a digital technology perspective of entrepreneurship. Entrepreneurship Theory and Practice(6): 1029-1055.

[16] Stonig J, Schmid T, Müller-Stewens G, 2022. From product system to ecosystem: How firms adapt to provide an integrated value proposition. Strategic Management Journal(9): 1927-1957.

第6章

创新驱动数字创业

创新驱动创业指在技术创新、制度创新和商业模式创新等的触发下，通过多要素迭代互动，实现多主体共同开发机会、创造价值的过程（蔡莉等，2021）。从实践视角看，以"ABCD+5G"为代表的数字技术和数据要素发展深刻改变了传统创业模式。数字创业可以突破时空限制，成功识别新机会并实现数据资源化，成为新经济秩序中的变革力量。本章提出了创新驱动数字创业的概念，分析了创新驱动数字创业的关键要素和过程机理，以期为数字创业者提供理论指导。

创新驱动数字创业的概念特征

数字创业是指组织或个体通过使用数字技术来有效获取、处理、分发、应用数字信息和数据要素，寻求、利用数字产业化和产业数字化的机会，实现整合资源、构建团队、创造价值的过程。在数字创业的过程中，技术创新、制度创新和商业模式创新对创业机会识别、创业资源利用以及创业模式的建构产生重要影响，是创新驱动数字创业的一种重要类别。本部分将创新驱动数字创业定义为在技术创新、制度创新和商业模式创新等的触发下，数字创业者通过识别和开发数字创业机会，整合和配置数字创业资源，创造数字产品和服务，实现多主体共同创造价值的过程。表 6.1 对创新驱动数字创业与传统创业进行了对比分析。

表 6.1　创新驱动数字创业与传统创业

项目	创新驱动数字创业	传统创业
创业主体	数字创业者（团队）	传统创业者（团队）
创业机会	数字创业机会、技术/制度/商业模式创新性、多主体性、迭代性	技术/制度/商业模式创新性、客观导向性的印迹和主观导向的众迹
创业资源	数字创业资源（包括数字技术和数据要素）	传统创业资源
创业过程	高开放性、无边界性、高创新性	有清晰稳定的边界
创业模式	数字创业商业模式	传统商业模式
创业产出	具有自生长性、动态性、流动性的数字产品和服务	有界限的、固定的产品和服务

资料来源：笔者根据相关文献 [1] 整理。

---

[1] 朱秀梅, 刘月, 陈海涛, 2020. 数字创业：要素及内核生成机制研究. 外国经济与管理(4)：19-35；李大元, 李欣, 傅颖竹, 2023. 数字创新驱动创业：新兴经济高质量发展新引擎. 管理学季刊(4)：47-57, 162-163.

创业主体

创业者和创业团队是创业过程中的参与主体（蔡莉等，2019），而创新驱动数字创业的参与主体包括数字创业者和数字创业团队。相较于传统创业者，创新驱动数字创业的创业者和创业团队具备较为丰富的数字创业知识和较强的数字创业能力（Tumbas et al.，2018）。基于此，创新驱动数字创业的创业者和创业团队充当了将数字技术和数据资源由创业的边缘要素转变为核心要素的角色（Koellinger，2008）。他们深度参与新创企业的战略规划和实施过程（Hu et al.，2016），并以强大的数字创业思维和能力，对识别和开发数字创业机会保持高度敏感（Ngoasong，2017），进而整合必要资源，推动新创企业的成长。

创业机会

数字创业机会开发是创新驱动数字创业的核心。传统的创业文献将创业机会分为发现型机会和创造型机会（Zahra，2008；斯晓夫等，2016），强调创业者和创业团队先前的认知（Baron，2007）、能力（Seghers et al.，2012）、社会网络（Wood and Mckinley，2010）等因素对创业机会开发的重要作用。在创新驱动数字创业机会的过程中，数字技术的自生长性和高度流动性增强了企业间、企业与用户之间以及用户间的协同互动，加深了各参与者的合作关系，这种多主体参与及互动将带来大量的潜在机会，以实现创业机会的集聚（蔡莉等，2019）。此外，数据驱动的决策和快速的技术演进促使企业不断创新其产品或服务，进而生成新的创业机会。

创业资源

在传统创业活动中，创业资源通常指物质资源、资金资源、人力资源、技术资源、市场资源和组织资源等（蔡莉和柳青，2007）。而在创新驱动数字创业的过程中，数字技术和数据要素成为关键创业资源。具体而言，数字技术是由数字组件、数字平台和数字基础设施三大基本要素组成的新型信息技术（Nambisan et al.，2019）。而数据要素是信息的载体，其作为新生产要素扮演着创造和获取信息价值的关键角色（Henfridsson et al.，2018）。在特性上，数据要素具有非竞争性、赋能性以及生产消费统一性的特征（魏江等，2021）。非竞争性意味着不同组织和个体可以共享同样的数据而不会损害其他用户的利益（唐要家和唐春晖，2020）。赋能性指数据可以与其他生产要素结合以推动数字创业（Lyytinen，2022）。生产消费统一性指数据的生产者和使用者可以自由转换角色，从而使数字创业呈现出自我激励和自我协同的特征（唐要家和唐春晖，2020）。

创业过程

传统的创业过程有清晰稳定的边界。创业过程通常可以被预期与计划，有明确的产品设计原则和架构，产品及其组件之间的互动方式较为固定（Tcherchian et al.，2012）。而创新驱动数字创业是在技术创新、制度创新和商业模式创新的驱动下，数字创业者利用数字技术开发数字产品和服务的过程，具有高开放性、无边界性和高创新性。高开放性指创业过程不再以某一创业者或创业团队为核心，而是变得更加开放且没有固定的边界。在创新驱动数字创业的过程中，数字创业者往往会选择纳入多个参与主体进行数字创业，其价值创造的轨迹从企业内部转移到外部（Parker et al.，2017）。无边界性指数字技术的使用使得不同的创业主体在不同的时间和地点参与创业过程，打破了过程边界（Nambisan，2017）。高创新性指难以预测数字创业的潜在机会来源和未来发展方向。实施创新驱动数字创业的企业会改变在特定行业中取得成功所必需的特征，在现有行业参与者中引发破坏和颠覆，甚至影响在该领域中根深蒂固的行业领导者。

创业模式

传统创业的商业模式多为单一组织层面的活动。组织负责从生产到交付最终产品或服务的整个活动链，通过逐步积累利润实现稳步但相对缓慢的增长。传统商业模式的竞争优势也是建立在单一组织的独特产品或服务上的，而创新驱动数字创业则催生了与平台生态相关的新兴商业模式发展（Murthy and Madhok，2021）。例如，淘宝、滴滴出行、美团、拼多多等通过利用数字技术开展融合线上和线下的商业模式。此外，创新驱动数字创业也促进了制造企业中平台生态企业的涌现，例如海尔搭建的 HOPE 创新生态平台，打破了封闭的研发模式。

创业产出

传统的创业产出具有界限，提供的是固定的产品和服务；在创新驱动数字创业的过程中，其创业产出是数字化的产品和服务（余江等，2017）。数字化的产品和服务可以分为纯数字产品（例如 APP）和数字技术与物理部件相结合的产品（例如智能家居产品）（Boudreau，2012）。纯数字产品通常依赖于数字基础设施的发展和支持，而智能互联产品则是通过将物理部件与数字部件相结合改变产品的体系架构，从而具有数字实体特性，包括物理部件（例如传统机械部件）、数字部件（例如软件应用）和互联部件（例如无线连接协议）三个部分（Porter and Heppelmann，2014）。

数字创业聚焦 6-1 💡

化纤帮的数字创业之路 [①]

化纤帮成立于 2014 年，致力于解决化纤产业链中履约率低的问题，其通过创新驱动数字创业的方式，建立了聚焦于化纤行业的产业互联网平台。创始人方君方凭借对化纤产业的深入了解，识别出行业中的信息不透明、价格波动及供需匹配困难等关键问题，从而启动了化纤帮的数字创业之旅。在创业初期，方君方从熟悉的市场切入，将原本不透明的佣金制转变为一个透明的服务跟踪系统，通过技术创新推动产业链的数字化。化纤帮首先建立了产业纵向 B2B 平台，重构了产业供应链的交易模式。该平台不仅提供集采、金融和物流等配套服务，而且通过大数据和智能匹配技术，极大地提升了下游坯布厂的采购效率和议价能力。在这一过程中，化纤帮积累了大量的加弹厂资源，提高了供需之间的信息对称性，减少了交易成本和时间。

进一步地，化纤帮利用在交易服务中积累的大量产业数据，将其服务范围拓展到数据服务和管理服务。这些服务通过创新的数据应用场景、工具和方法，赋能产业链上下游工厂的内部管理和金融服务，提升了整个产业链的数字化水平。例如，化纤帮开发的线上 APP 和线下试验点能够实时处理与拆解坯布厂的订单，通过智能系统匹配和优化供应链资源，确保每

---

① 资料来源：中国管理案例共享中心（魏江、苏钟海、刘洋：《从边缘入局：化纤邦构建化纤产业第一互联网平台之路》）。

个订单都能以最优成本和速度完成。在金融服务领域，化纤帮依托其丰富的交易数据和市场数据，推出了邦帮金服以提供货押和代采购等金融支持，解决了中小企业在资金流动性方面的问题。此外，通过与上游聚酯工厂的集采合作，化纤帮帮助这些工厂稳定生产排期，优化库存管理，进一步提高了产业供应链的整体效率和响应速度（见图6.1）。截至2022年9月，化纤帮的平台交易总额已超过1000亿元，证明了其在化纤产业互联网平台中的领导地位。

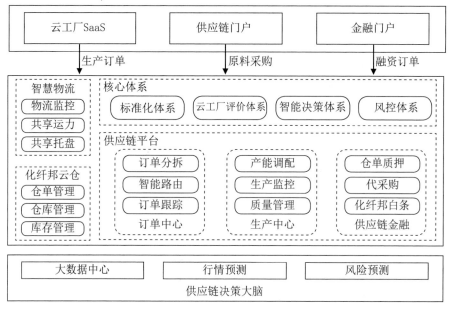

图 6.1　化纤帮构建的化纤产业互联网平台架构

创新驱动数字创业的关键要素

蒂蒙斯模型认为，机会、资源和团队是创业的关键因素（Timmons et al.，2004）。而在创新驱动数字创业的过程中，创业机会、创业资源和创业团队乃至创业过程均发生了较大变化。创业企业需要数字创业资源、数字创业机会和数字创业团队的共同参与才能实现创业成功（Nambisan，2017；Nambisan et al.，2019）。此外，创新驱动数字创业强调技术创新、制度创新和商业模式创新的驱动作用。本部分认为，这三种创新是驱动数字创业的关键因素，并探讨了它们如何改变创业机会、创业主体及创业过程。

技术创新驱动数字创业

技术创新改变了数字创业机会的本质，使数字创业呈现出多主体互动的特点，并使得数字创业的过程具有无边界性和可迭代性。

在创业机会方面，大数据、人工智能、区块链等新兴数字技术的发展使创业机会更具流动性和动态性（Shen et al.，2018）。新技术的出现或原有技术的迭代能够改变市场价值，提供新的价值创造路径，进而催生新的创业机会。例如，最初为军事用途开发的数字设备——无人机——近年来已被重新编程，相关创业者可以在诸如房地产、物流和农业等多个领域中探索新的机会和价值途径。再如，物联网技术与社交媒体应用程序的结合为医疗保健、预测性汽车维护、灾难管理以及广告和品牌管理等领域带来了新的价值创造途径，催生出了新创业机会。在基于数字技术的平台生态系统中，单个数字技术基础设施并不特定用于某个产品，每个平台层次都可以与不同的功能设计相关联（Henfridsson et al.，2018）。因此，通过重新编排、重新编程和重组来自多个数字平台层的技术架构，新的创业机会不断涌现。例如，苹果在 iOS 中引入新功能会引发一系列连锁反应，从而推动企业识别新的商机，并创造和引领新需求。

在创业主体方面，技术创新催生出新的组织形态，使得创业主体由原本相对简单、封闭的线性组织，逐渐演变为多主体参与的开放型组织（Gawer，2022）。基于技术创新，近年来快速兴起的众包平台、在线社区等数字平台将多种参与主体集聚起来，使得具有不同背景、能力和资源的创业者和创业团队依托平台开发创业机会（Li et al.，2018）。Hinings et al.（2018）指出，技术创新带来了新的主体、结构、实践、价值观和信念，会改变现有的游戏规则，因此需要通过数字化的组织形式来帮助新兴数字技术获得合法性，促进技术突破。例如，HOPE 能够为小微创业主体提供接入全球资源的服务，使得无论是中小型创业实体还是拥有一定资源基础的创业团队，均可依托 HOPE 开展创业活动，获得数字化产品和服务。此外，在数字平台上，这些创业主体具有高度的流动性，能够自主决定加入平台开展创业活动或者离开（Boudreau，2012）。具体而言，平台上的创业主体根据其目标、动机、能力、限制和贡献来选择是否参与和何时退出。当他们意识到并积极参与机会的形成和 / 或制定过程时，他们的参与和贡献往往无法预测或提前确定（Henfridsson et al.，2018）。

在创业过程方面，技术创新使得创业过程中的边界更加模糊，这也带来了创业结果的高度不确定性和不可预测性。一方面，技术创新使产品在不断的实验中能够快速形成与迭代，整个创业过程不同阶段的开始和结束变得不再清晰可辨（Boudreau，2012）。创业者受益于新的技术，如云计算和移动网络，能够以较低的成本开发数字创业产品并创造价值。另一方面，技术创新使得创业结果具有流动性，即数字技术创新催生的创业产品或服务的范围、功能和价值即使在创业概念实施后仍在不断变化（Yoo et al.，2012）。换句话说，技术创新驱动数字创业的创业结果往往是数字化的产品和服务，这些创业结果在设计甚至交付之后依旧是不断变化的。例如，智能产品提供商可以通过修改数字基础设施在产品交付给用户之后引入新的功能和价值（Porter and Heppelmann，2014）

制度创新驱动数字创业

制度创新催生出新的数字创业机会，使得数字创业者能够识别并利用这些机会，进而开发和提供数字产品与服务。

在创业机会方面，大数据、物联网等技术驱动的制度创新为创业企业提供创业机会并驱动创业企业的成长（Hinings et al.，2018）。例如，随着数字经济和平台组织生态系统的发展，现有的知识产权立法、司法和执法框架显得不足，立法进展远远落后于数字经济的快速发展。在数字平台上，知识产权侵权案件频发并呈增长趋势，侵权行为的认定难度大，执法成效欠佳。依靠单一平台企业的治理策略无法有效遏制和规范这些侵权行为。针对这一问题，政府制定的一系列知识资产治理政策能够提升平台参与企业的创业活力（Cozzolino et al.，2021）。此外，不同平台企业对于知识产权和创新成果的治理能力、手段和力度不尽相同。这种情况下，会出现部分参与者利用不同生态系统内的差异和平台治理的"真空"，在不同生态系统间进行迁移，试图规避市场治理体系的监督和管理。此时，市场治理这种非正式制度能够打通不同生态系统和平台之间的沟通渠道，激活跨生态系统的创业活力（Wareham et al.，2014）。

在创业主体方面，制度创新催生出新的组织形态，例如日益兴起并蓬勃发展的产业互联网平台就是得益于以智能制造为核心的"工业5.0"相关政策。产业互联网平台是一种基于数字技术重构产业链上各类资源和组织的连接方式，为产业生态中多样且相互依存的各类利益相关者提供交互支持，为生态中不同组织开发互补解决方案提供技术支持的综合性数字平台（刘洋等，2024）。在"工业5.0"的框架下，产业互联网平台以数字技术架构为基础，包含各类组织和资源。赋能交易和创新是产业互联网平台创造价值的两大基本方式。产业互联网平台可以实现交易流程的自动化（自动匹配买家和卖家、自动处理订单等），从而加快交易速度；通过对大量交易数据的分析，平台企业可以准确预测市场需求和趋势，帮助供给侧的创业企业做出更明智的决策，从而促进其成长。例如，乐清电气产业互联网平台通过构建电气产业链数据中心，赋能产品创新，通过提供智能化设备，打通研发、设计、智能生产等环节，使企业深入了解客户需求，提升数字产品创新能力，激发数字创业活力。

在创业过程方面，正式和非正式的制度创新显著地改变了创业生态系统内企业的数字创业过程。在由数字技术驱动的创业生态系统中，合理的制度创新可以缓解新兴数字制度与传统制度之间的冲突，使生态系统中的参与者能够主动利用系统内的资源和机会探索创新，进而推动数字创业活动（Elia et al., 2020）。例如，数字创业生态系统中的一些创业企业的创新探索能够推动平台企业思考和设计创新激励与约束机制。这些制度的确立能够影响企业对创新的压力感知和自我效能感，进而促进它们的创新行为（Chen et al., 2022）。同时，平台企业通过在生态系统中树立成功的创新典范，来培养一种鼓励创新、包容失败的文化，这种文化激发了企业的创新创业动力。例如，淘宝从最初模仿 eBay 采用低成本、颠覆性的市场进入策略，发展到建立以电子商务为基础的生态系统，进而通过技术支持和制度设计赋能中小企业，助力其创新升级。

商业模式创新驱动数字创业

商业模式创新通过优化新产品或服务的开发与商业化过程，催生新的创业机会，助力创业企业的成长和发展。

在创业机会方面，以数字平台和数字生态系统为代表的商业模式创新，能够为创业企业提供重要的设计资源、研发资源、技术资源，以及云计算、数据管理、成本管理等一系列支持性服务。创业企业能够通过开发这些资源寻找新的创业机会。此外，创业企业还可以通过平台内参与者之间的互动探索新的创业机会，开发数字化的产品和服务。例如，在电子商务平台上，平台主企业拥有电子商务搜索平台。但是支付平台和物流配送平台往往由作为模块供应方的第三方拥有，这给予了第三方平台较多的创业机会（Rietveld and Eggers，2018）。此外，平台主企业的新商业模式可以促使创业企业的创新活动围绕用户需求来展开，帮助创业企业进行机会识别。具体地，平台上的参与者利用平台主企业的数据资源优势，获得关键市场信息，追踪用户需求，更好地利用创业机会。例如，海尔通过开放式创新平台对雷神笔记本电脑使用中的问题进行解答和响应，并与全球用户及技术供应方实现并联式交互。

在创业主体方面，商业模式创新使得创业主体呈现虚拟化和多样化特性。数字技术的发展使得线上交互、线上线下交互变得越来越方便，创业主体与环境之间的互动模式也日显多样性、可塑性和虚拟化（Kannan，

2017）。通过数字平台搭建和数字接口开放，越来越多的用户作为数字世界的虚拟主体直接参与数字化产品和服务创业（Constantinides et al.，2018），同时成为产品开发者和产品使用者。此外，创业主体具有多样性，数字创业生态系统是由数字基础设施、数字市场、数字用户和数字创业企业等主体构成的，大量集聚了数字用户、数字孵化器、政府、高校及科研机构、中介或金融机构等多主体，这些多样的创业主体通过"抱团取暖"来实现创业企业的集聚经济效应（蔡莉和单标安，2013）。

在创业过程方面，商业模式创新使得创业过程具有可迭代性以及高流动性。商业模式的创新使得创业过程是快速迭代的。初创者可以通过积累数据和资源抓住创业机会，然后低成本地试验创业想法的可行性（Boudreau，2021）。平台的技术迭代能够激发创业企业更新其创业想法，抓住更加新颖的机会。例如：苹果提供的与产品（如 APP）相关的信息能够帮助平台互补者抓住创业机会，助力平台上的创业者商业化；富士康在 2014年发布 Kick2real 在线平台，为创业者将创意转化为产品提供技术支持和创业导师咨询；三一重工搭建了工业互联网平台，建立了三一众创孵化器，与在孵企业相互赋能，推动传统工程机械行业的数字创业。

数字创业聚焦 6-2

微脉的数字创业之路 [①]

微脉成立于 2015 年，其发展目标是"让医疗健康服务不再难"。微脉以城市为单位，连接所有医疗健康资源，构建城市级医疗健康大数据平台，

[①] 资料来源：刘嘉玲，魏江，郭艳婷，2023. 微脉："互联网+信任医疗"赛道的领航员. 清华管理评论（4）：118-124。

坚持将做优存量与做大增量相结合，为老百姓构建本地一站式医疗健康服务平台，实现"人人都有健康档案，家家都有家庭医生，城城都有网络医院"的医疗健康服务新生态。

2019 年以来，"互联网＋"技术在问诊引流、病情研判、简化看病流程、创新诊疗模式、数据采集共享等方面的优势得到很好凸显，但我国"互联网＋医疗"尚处于起步阶段，难以满足医疗服务有形性、可靠性、响应性和移情性等需求。新冠疫情促使了一系列相关政策的出台，包括《关于在疫情防控中做好互联网诊疗咨询服务工作的通知》《关于推进新冠肺炎疫情防控期间开展"互联网＋"医保服务的指导意见》《关于深入推进"互联网＋医疗健康""五个一"服务行动的通知》和《互联网医疗健康信息安全管理规范（征求意见稿）》。微脉利用这些制度创新，借助城市信用体系，打造了城市级信用就医平台，采用"信用就医无感支付"的信用结算方式，实现"先诊疗、后付费"的商业模式。此外，微脉还引入基于 AI 虚拟医生助手的智能随访，将医患交互的信任联结沉淀到线上，构建了"信任单元"，使本地百姓可以随时与本地所信任的专家在线紧密互动。

具体而言，微脉通过技术构建了信任的秩序基础。首先，微脉强调以人为核心，倡导以人为本，以服务为本，以信任的方式提供可信的医疗服务，摒弃了唯技术论。其次，微脉推进了技术和服务的融合，将信息技术与医疗服务深度融合，将医疗知识嵌入系统，并将系统融入医疗活动。再次，微脉还促进了各类技术的融合，包括物联网、互联网、大数据、人工智能、云计算等技术，甚至与生物技术、新材料等融合，以提供更有效的医疗服务手段。最后，微脉整合了碎片化的互联网应用，让产业链上的多方参与者如政府、医院、保险等形成了一个可持续的利益互动机制。

制度创新驱动的微脉信任医疗创业模式持续发展，2015—2022 年，微脉已服务超过 280 个城市，连接了超过 2500 所医院，累计服务超过 10 亿人次。

创新驱动数字创业的过程机理

借鉴蔡莉等（2019）的划分，创新驱动数字创业的过程分为触发阶段、催化阶段和聚变阶段。触发阶段即启动阶段，是指技术创新、制度创新或商业模式创新驱动数字创业者开发创业机会，通常对应创业企业演化过程的新创阶段；催化阶段指创业机会潜能的释放过程，其间，创新要素进一步激发多主体的互动，从而加速创业机会的产生，通常对应创业企业演化的成长阶段；聚变阶段是指在多个数字主体集聚和互动下创业机会的实现及价值创造过程，即创业主体基于催化过程形成的机会与多主体互动，并反作用于创新，提升多主体系统能力进而实现机会利用的过程，最终带来高质量的产出，通常对应创业企业演化的成熟阶段。如前文所阐述的，创新驱动数字创业的过程具有高开放性、无边界性和高创新性，因而创新驱动数字创业的触发、催化和聚变三个阶段并非线性串联关系，三个阶段之间相互作用，不断迭代（见图 6.2）。

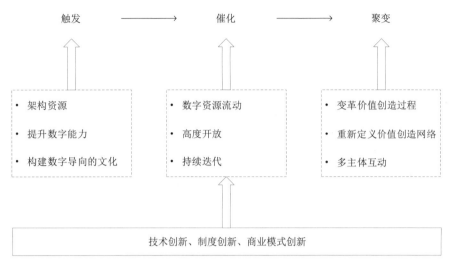

图 6.2　创新驱动数字创业的过程机理

触发阶段

在创新驱动数字创业的触发阶段，创新作用于创业的要素，进而触发数字创业机会开发。例如，伴随人工智能技术和物联网技术的快速发展，正泰集团决策层认识到智能制造的创业机会，企业开始向智能制造方向转型。

首先，在触发阶段，数字创业者和创业团队需要通过**架构资源**来开发创业机会。例如，数字技术的发展和数据要素本身作为资源能够促进数字创业者和创业团队对创业机会的探索和感知，进而激发数字创业者和创业团队的创业潜力（朱秀梅等，2020）。此外，由于数字技术的可重新编程性和自生长性（Yoo et al., 2012），创业资源整合利用的方式也会不断演化，使得数字创业机会不断变化发展。例如，制度创新激发的产业互联网平台能够让平台参与企业通过产业链上下游积累的数据资源开发创业机会，促进企业成长。

其次，在触发阶段，数字创业者和创业团队需要**提升数字能力**以更好地识别和数字创业机会（Nylén and Holmström，2019）。其中，数字环境扫描能力，即识别公司内外部数字环境中与创新相关机会的能力（Nylén and Holmström，2019），以及吸收能力，即企业识别、吸收和使用外部知识的能力，在数字创业启动阶段至关重要。例如，随着数字技术的不断发展和深度应用，美的基于其较强的数字环境扫描能力和吸收能力，自主开发了工业互联网平台 MideaM IoT，不仅将工业互联网技术应用到美的 30 余家工厂和基地，实现了企业的数字化转型，而且促进了新的创业机会开发。该平台还向外输出技术服务，赋能更多制造业企业实现云端数字化转型。

最后，在触发阶段，数字创业者和创业团队需要**构建数字导向的文化**。具体而言，承担风险的文化（Vial，2019），允许试验、组织即兴和学习的文化（Nylén and Holmström，2019），以及组织内分享观点和分权决策的文化（Lokuge et al.，2019）都在创新驱动数字创业的触发阶段承担重要角色。

催化阶段

在创新驱动数字创业的催化阶段，创新激发一个或多个要素从而释放数字创业机会的潜能。这些因素之间的迭代交互作用促进了创业机会的开发数量、发展速度或拓展范围的升级。例如，小米的创业团队认识到物联网时代所带来的机会之后，便通过搭建数字平台积累了大量的用户数据资源，进一步对海量数据的有效分析使基于数据智能驱动的新机会不断产生。

首先，在催化阶段，**数字资源具有流动性**，数字创业者可以利用自身的数智创变能力优化对数字创业资源的利用，进而加快数字创业机会开发和发展速度（刘志阳和邱振宇，2020）。例如，通过利用大数据分析和人工智能等新兴技术，数字创业者可以实时监控、了解市场趋势和客户偏好等，因而不断激发创业机会。此外，数据挖掘、算法、数据发现、叙述分析等工具可以激发数字创业者的创造力（Nambisan，2017），使其和其他参与者互动来探索新的想法，激发创业机会的潜能。

其次，在催化阶段，**整个过程具有高开放性**。例如，技术创新和商业模式创新激发的在线社区作为知识流动的空间，其参与主体往往拥有异质性的知识、背景、能力和社会网络，参与者之间的互动能够激发创业机会不断产生并促进社区内的创业活动（Dahlander et al.，2008）。此外，技术创新、制度创新、商业模式创新等与特定的使用场景结合，能够促进创业机会的进一步升级。具体地，创新与自身组织的价值主张、组织文化、行业背景、用户的"社会—认知"背景相结合，可以创造新的意义和价值（Melville，2010）。例如，短视频 APP 的技术创新在与组织和用户的相关情境以及与用户的不断互动后，形成了中国市场上 100 余个较为活跃的不同短视频 APP。

最后，在催化阶段，**整个过程是持续迭代的**。数字创业者持续更新对情境的认知以及自身的知识以不断探索创业机会是持续激发创业活力的重要基础。例如，在数字创业生态系统中，技术创新和商业模式创新能够使生态系统更加高效，更准确智能地帮助数字创业者获取和分析信息，并帮助数字创业者评估和发展创业机会，使数字创业者能够快速响应市场变化以应对柔性和敏捷性的外在需求（Henfridsson and Bygstad，2013），进而加速数字创业机会开发和发展速度。此外，物联网和云计算等技术保障了生态系统内智能网络的连接，促进了系统内信息的即时流通和资源的灵活部署，有助于拓展数字创业机会开发的范围。

聚变阶段

在创新驱动数字创业的聚变阶段，数字创业者或创业团队基于催化阶段形成的数字创业机会与多主体进行互动，并反作用于创新，进而实现机会利用和价值共创的过程。例如：一方面，字节跳动具有大量背景多样化的用户和企业，他们通过整合字节跳动平台（如头条号、抖音）所提供的资源，提高自身开发新产品或服务的能力，促进平台上美食、旅游、汽车等不同行业细分领域内容及一些跨界（如"美食＋职场"）内容的生成；另一方面，字节跳动通过高效整合内容创作者、风险投资机构、大学（如北京大学）、媒体机构（如光明日报）和用户等多主体的资源，促进平台创新能力的不断提升，进而实现新技术及新产品（如智能写稿机器人）的不断开发。

首先，聚变阶段要求数字创业者**持续变革价值创造过程**。创新触发和催化的创业机会需要与多主体协同，共创更大的价值，数字创业者能够基于此获取更多的资金、人才、技术、数据等创业资源，并进行整合和优化配置，进而实现企业的持续价值创造（刘洋等，2020）。例如，社交媒体的使用可以让客户深入参与同组织的对话和交流，并产生更多的数据（包括客户使用习惯数据、组织内部各价值链环节的数据等），这就为数字创业者持续改变价值创造过程提供了基础。

其次，聚变阶段要求数字创业者**重新定义价值网络**。技术创新和商业模式创新通过减少交流成本而增强了创业网络的连接性，增加了网络中知识的异质性和整合异质性知识的需求。同时，创业网络连接性的提升可以使得更多的利益相关者（例如客户）成为价值共创者（Yeow et al.，2018）。例如，海尔的众创汇平台、小米社区等都是创业网络价值共创的典型案例。企业可以利用这些在线社区促使参与者生成创意和内容，进而以较低成本实现迭代创新，促进企业价值创造的实现。

最后，创新驱动数字创业的聚变阶段要求多主体在创业生态系统中进行互动。数字技术促进新创企业通过颠覆性的商业模式创新寻求创业机会，组成数字创业生态系统（Autio，2022）。数字创业生态系统的形成过程主要包括数字企业创业、数字创业企业集聚、多主体的加入和互动等几个核心过程，其中，数字企业创业、数字创业企业集聚以及多主体的互动是数字创业向数字创业生态系统转化的关键环节。在数字创业生态系统中，创业主体能够通过互动越来越多地创建能够促进知识、技术能力以及创新思想自生成的平台。因此，创业主体之间的边界变得越来越模糊，创业机会得以聚变，进而实现机会利用和价值共创。

数字创业聚焦 6-3

食联网的数字创业之路 [①]

食联网成立于 2020 年，是海尔智家衣、食、住、行、娱生态场景的重要一环，连接家装、食品、健康、物流等十二大类近千家生态资源方，提供可溯源、可定制、可互联的个性化生态服务。2023 年，食联网主导的《食联网预制菜智慧烹饪技术要求》标准获得中国标准化协会认可，已成为智慧烹饪行业的规范和标准。可以认为食联网开始在智慧烹饪领域占据主导

---

① 资料来源：苏钟海，魏江，张瑜，等，2024. 创业企业构建共生型生态系统机理研究. 科学学研究（8）：1685-1694，1770。

地位，其数字创业已取得实质性进展。

在数字创业之初，食联网借助海尔的生态战略，瞄准用户居家精准还原美食的核心需求，将先前柜电一体化链群条的成功经验复制，衍生出智慧烹饪链群条。自2013年张瑞敏先生首次提出创客的概念之后，海尔就开始了顺应互联网时代的全新探索，瞄准个性化、多样化的消费者需求，正式从传统的家电制造企业转型为孵化小微平台企业，促使各职能部门成立自创业、自组织、自驱动的小微企业。在接下来的探索与实践中，不同类别的小微进一步互补协作，挖掘用户需求，共同在深度和广度上探索物联网时代家居生活场景的迭代，完善和创造价值链条，丰富整体的社群生态系统。与此同时，海尔智家在发展过程中不断对接市场需求，意识到提供单一产品已不能满足现代人对高品质生活的需求。以智慧家庭为核心，提供多套完整的个性化家庭生活智能解决方案，转变为生态品牌成为重要的战略方向。2020年9月，海尔在北京正式发布三翼鸟场景品牌，涵盖智慧厨房场景，旨在通过智能人机交互融入厨居生活，使用户体验焕然一新。在此背景下，张瑜通过调研分析，向海尔集团提出申请，希望将海尔智慧烹饪链群独立出来，成立食联网，探索将食材和厨电设备整合到一起的智慧烹饪解决方案。

在研发出第一款预制菜品（北京烤鸭）的基础上，张瑜致力于复制其成功经验，不断丰富食联网的预制菜品，并进一步迭代智慧网器的功能，在不断提升解决方案系统性的同时，提高与海尔平台生态系统的互补性，以获得海尔平台生态系统的持续赋能。在此阶段，食联网进一步整合海尔平台生态系统的资源，推进自身智慧烹饪体系方法的建设。例如，渠道上，食联网的产品借助海尔的线上、线下两大销售渠道进行售卖，充分融入海尔智家厨房场景，解决初创企业知名度低、卖货难的问题。

　　自北京烤鸭和年夜饭套餐热销后，食联网进入了数字创业的成长阶段，令消费者耳目一新的场景化消费不断增长。2021 年，食联网对已有消费场景进行了优化升级，考虑用户需求，从北京烤鸭迭代出去骨烤鸭、片皮烤鸭、风味烤鸭等多款菜品，与全聚德、双汇、新希望等企业合作开发了 200 多道美食。食联网产品的美味可口和便捷性让消费者赞不绝口。此时，为了充分利用好海尔平台生态系统的优质资源，强化食联网的独特竞争优势，张瑜开始带领团队在预制菜研发过程的风味溯源、产品研发、工业转化和精准还原等关键环节发力，整合海尔平台生态系统的优质赋能资源，不断提升创新能力，优化供应链，打造更加智能、权威、美味、健康的美食解决方案（见图 6.4）。

　　自此，食联网借势于海尔品牌生态圈的溢出效应，获取充分的合法性资源，不断吸纳管理经验、塑造品牌形象，牢牢把握用户需求，吸引越来越多的志同道合的合作伙伴参与到自己主导的美食解决方案体系建设中。伴随行业认可度的提升，食联网渐渐具备研发预制菜行业标准的能力，确立了其不容颠覆的行业地位，为其向提供美食全链路生态服务的目标迈进奠定了基础。

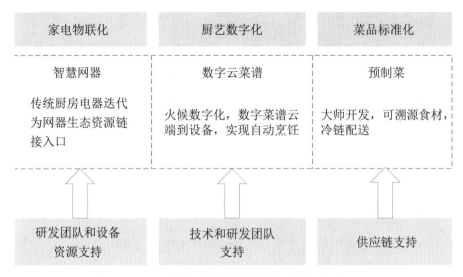

图 6.4   食联网构建的预制菜智慧烹饪体系

参考文献

[1]   蔡莉，柳青，2013.新创企业资源整合过程模型.科学学与科学技术管理（2）：95-102.

[2]   蔡莉，单标安，2013.中国情境下的创业研究：回顾与展望.管理世界（12）：160-169.

[3]   蔡莉，杨亚倩，卢珊，等，2019.数字技术对创业活动影响研究回顾与展望.科学学研究（10）：1816-1824，1835.

[4]   蔡莉，张玉利，蔡义茹，等，2021.创新驱动创业：新时期创新创业研究的核心学术概念.南开管理评论（4）：217-226.

[5]   刘洋，董久钰，魏江，2020.数字创新管理：理论框架与未来研究.管理世界（7）：198-217，219.

[6]　刘洋，应震洲，苏钟海，2024.面向"工业 5.0"的产业互联网平台发展.清华管理评论（3）: 72-81.

[7]　刘志阳，邱振宇，2020.数智创业：从"半数智"时代迈向"全数智"时代.探索与争鸣（11）: 141-149，179.

[8]　唐要家，唐春晖，2020.数据要素经济增长倍增机制及治理体系.人文杂志（11）: 83-92.

[9]　魏江，刘嘉玲，刘洋，2021.新组织情境下创新战略理论新趋势和新问题.管理世界（7）: 13，182-197.

[10] 斯晓夫，王颂，傅颖，2016.创业机会从何而来：发现，构建还是发现+构建？——创业机会的理论前沿研究.管理世界（3）: 115-127.

[11] 余江，孟庆时，张越，等，2017.数字创新：创新研究新视角的探索及启示.科学学研究（7）: 1103-1111.

[12] 朱秀梅，刘月，陈海涛，2020.数字创业：要素及内核生成机制研究.外国经济与管理（4）: 19-35.

[13] Autio E, 2022. Orchestrating ecosystems: A multi-layered framework. Innovation(1): 96-109.

[14] Baron R A, 2007. Behavioral and cognitive factors in entrepreneurship: Entrepreneurs as the active element in new venture creation. Strategic Etrepreneurship Journal(1-2): 167-182.

[15] Boudreau K J, 2012. Let a thousand flowers bloom? An early look at large numbers of software app developers and patterns of innovation. Organization Science(5): 1409-1427.

[16] Chen L, Tong T W, Tang S, et al, 2022. Governance and design of digital

platforms: A review and future research directions on a meta-organization. Journal of Management(1): 147-184.

[17] Constantinides P, Henfridsson O, Parker G G, 2018. Introduction—Platforms and infrastructures in the digital age. Information Systems Research(2): 381-400.

[18] Cozzolino A, Corbo L, Aversa P, 2021. Digital platform-based ecosystems: The evolution of collaboration and competition between incumbent producers and entrant platforms. Journal of Business Research(126): 385-400.

[19] Dahlander L, Frederiksen L, Rullani F, 2008. Online communities and open innovation. Industry and Innovation(2): 115-123.

[20] Elia G, Margherita A, Passiante G, 2020. Digital entrepreneurship ecosystem: How digital technologies and collective intelligence are reshaping the entrepreneurial process. Technological Forecasting and Social Change(150): 119791.

[21] Gawer A, 2022. Digital platforms and ecosystems: Remarks on the dominant organizational forms of the digital age. Innovation(1): 110-124.

[22] Henfridsson O, Nandhakumar J, Scarbrough H, et al, 2018. Recombination in the open-ended value landscape of digital innovation. Information and Organization(2): 89-100.

[23] Henfridsson O, Bygstad B, 2013, The generative mechanisms of digital infrastructure evolution. MIS Quarterly(3): 907-931.

[24] Hinings B, Gegenhuber T, Greenwood R, 2018. Digital innovation and transformation: An institutional perspective. Information and Organization(1): 52-61.

[25] Hu H, Huang T, Zeng Q, et al, 2016. The role of institutional

entrepreneurship in building digital ecosystem: A case study of Red Collar Group (RCG). International Journal of Information Management(3): 496-499.

[26] Kannan P K, 2017. Digital marketing: A framework, review and research agenda. International Journal of Research in Marketing(1): 22-45.

[27] Koellinger P, 2008. The relationship between technology, innovation, and firm performance—Empirical evidence from e-business in Europe. Research Policy(8): 1317-1328.

[28] Li L, Su F, Zhang W, et al, 2018. Digital transformation by SME entrepreneurs: A capability perspective. Information Systems Journal(6): 1129-1157.

[29] Lokuge S, Sedera D, Grover V, et al, 2019.Organizational readiness for digital innovation: Development and empirical calibration of a construct, Information and Management(3): 445-461.

[30] Lyytinen K, 2022. Innovation logics in the digital era: A systemic review of the emerging digital innovation regime. Innovation(1): 13-34.

[31] Melville N P, 2010, Information systems innovation for environmental sustainability. MIS Quarterly(1): 1-21.

[35] Murthy R K, Madhok A, 2021. Overcoming the early-stage conundrum of digital platform ecosystem emergence: A problem-solving perspective. Journal of Management Studies(7): 1899-1932.

[33] Nambisan S, 2017. Digital entrepreneurship: Toward a digital technology perspective of entrepreneurship. Entrepreneurship Theory and Practice(6): 1029-1055.

[34] Nambisan S, Wright M, Feldman M, 2019. The digital transformation of

innovation and entrepreneurship: Progress, challenges and key themes. Research Policy(8): 103773.

[35] Ngoasong M Z, 2017. Digital entrepreneurship in a resource-scarce context: A focus on entrepreneurial digital competencies. Journal of Small Business and Enterprise Development(3): 483-500.

[36] Nylén D, Holmström J, 2019. Digital innovation in context: Exploring serendipitous and unbounded digital innovation at the church of Sweden. Information Technology and People(3): 696-714.

[37] Parker G, Van Alstyne M, Jiang, X, 2017. Platform ecosystems. MIS Quarterly(1): 255-266.

[38] Porter M E, Heppelmann J E, 2014. How smart, connected products are transforming competition. Harvard Business Review(11): 64-88.

[39] Rietveld J, Eggers J P, 2018. Demand heterogeneity in platform markets: Implications for complementors. Organization Science(2): 304-322.

[40] Seghers A, Manigart S, Vanacker T, 2012. The impact of human and social capital on entrepreneurs' knowledge of finance alternatives. Journal of Small Business Management(1): 63-86.

[41] Shen K N, Lindsay V, Xu Y C, 2018. Digital entrepreneurship. Information Systems Journal(6): 1125-1128.

[42] Tchertchian N, Millet D, El Korchi A, 2012. Design for remanufacturing: What performances can be expected?. International Journal of Environmental Technology and Management(1): 28-49.

[43] Timmons J A, Spinelli S, Tan Y, 2004. New Venture Creation:

Entrepreneurship for the 21st Century (Vol. 6). New York: McGraw-Hill/Irwin.

[44] Tumbas S, Berente N, Brocke J V, 2018. Digital innovation and institutional entrepreneurship: Chief Digital Officer perspectives of their emerging role. Journal of Information Technology(3): 188-202.

[45] Vial G, 2019. Understanding digital transformation: A review and a research agenda. Journal of Strategic Information Systems(2): 118-144.

[46] Wareham J, Fox P B, Cano Giner J L, 2014. Technology ecosystem governance. Organization Science(4): 1195-1215.

[47] Wood M S, McKinley W, 2010. The production of entrepreneurial opportunity: A constructivist perspective. Strategic Entrepreneurship Journal(1): 66-84.

[48] Yeow A, Soh C, Hansen R, 2018. Aligning with new digital strategy: A dynamic capabilities approach. Journal of Strategic Information Systems(1): 43-58.

[49] Yoo Y, Boland Jr R J, Lyytinen K, et al, 2012. Organizing for innovation in the digitized world. Organization Science(5): 1398-1408.

[50] Zahra S A, 2008. The virtuous cycle of discovery and creation of entrepreneurial opportunities. Strategic Entrepreneurship Journal(3): 243-257.

[51] Zhang Y, Li J, Tong T W, 2022. Platform governance matters: How platform gatekeeping affects knowledge sharing among complementors. Strategic Management Journal(3): 599-626.

第 7 章

大企业数字创业

数字经济的迅速发展促使大企业的管理实践发生了巨大变化。大数据、云计算、人工智能等新一代数字技术的快速发展催生了一批数字平台、数字生态型大企业，这些企业尝试跨越组织边界，开展各种形式的数字创业活动。如海尔、三一重工、美的、华为、阿里巴巴等企业依托数字技术，搭建平台与组织内外有创业意愿的创业者一起进行数字创业，成为数字经济时代创新创业的主力军。

那么，原本被认为可能会受困于发展灵活性与自我革新驱动力不足的大企业，是如何克服这些困难，顺利推进数字创业活动的呢？大企业在数字创业过程中，又是如何利用其独特的资源、研发和人才等优势，来构建具有竞争力的数字创业生态体系的呢？大企业在推进数字创业时，面临着哪些特殊的挑战和风险，它们又是如何应对和解决这些问题的呢？为了解答这些问题，本章将从大企业数字创业的独特优势、体系构建、模式路径以及相关机制保障等四个方面展开，对数字经济时代下大企业的数字创业实践进行梳理，揭示出大企业数字创业的内在逻辑和成功要素，以深化对于大企业创新驱动数字创业的认识。

大企业数字创业优势

数字经济与实体经济的深度融合，让大企业斩获新发展机遇，它们基于资源、机会、人才、技术等方面的独特优势，积极应对传统大企业的挑战（张玉利等，2022）。

一是数字资源优势。大企业多年经营和发展所积累的海量经营数据、设备运行数据、产品品质数据等数字资源，为数字创业提供了坚实的基石。数字资源来源于企业的内部生产过程、外部披露信息、客户交互过程以及数字产品使用过程（魏江等，2021）。目前，拥有数字资源的企业大体包括两类：一类是经过二十余年消费互联网行业深耕的互联网原生头部企业，例如百度、阿里巴巴、腾讯等；另一类则是较早完成了信息化建设并开始数字化转型的大型制造业企业。这些资源不仅在生产流程优化、产品质量提升、成本降低等方面发挥着重要作用，还为数字创业活动提供了有力的资金和资源支撑。

二是数字创业机会优势。大企业多元化的业务体系为其提供了丰富的业务和技术应用场景，新创业机会不断涌现。大企业能够利用应用场景不断尝试、验证新的商业模式和服务模式，为数字创业提供广阔空间。高可塑性的数字化应用场景为大企业发展跨业务、跨领域甚至跨产业的数字创业活动提供了强大的经营试验场。更重要的是，基于数字创业生态系统的价值共创机制，大企业可以更便利地将有价值且可共享的数字资源传递给生态系统的参与者，通过引领数字创业生态系统发展，进一步抓住和创造数字创业的新机会，实现数字化赋能与反哺循环，打造数字创业价值创造新模式。

三是数字人才优势。大企业深厚的人才储备、多元化的人才结构以及强大的人才联结能力，为其激活和孵化数字创业项目输送了关键人才。一方面，长期的经营和发展使得大企业积累了庞大的、具备专业技能的人才储备，这就为大企业从组织内部选拔具备数字化技能和经验的创业人才提供了人才池。另一方面，大企业通常拥有多元化的人才结构，包括技术专家、市场分析师、产品经理、法律顾问等，为企业内部数字创业项目的初始团队组建提供了良好基础。此外，较高的品牌影响力和市场地位使得大企业更容易吸引到优秀的数字人才，从而构筑起在数字创业中的独特竞争力。

四是数字技术优势。大企业所具备的较强技术创新能力和研发实力为其自主研发或引进先进的数字技术，帮助企业在数字创业过程中构建更加智能、高效的服务模式和商业模式奠定了基础。例如，美的通过其构建的观星台系统，多方位抓取和采集商业数据，更准确地刻画出实际用户与潜在用户的数字画像，为其面向年轻消费者群体所开发的生活小家电系列产品提供了更加精准的市场定位和服务方向（肖静华等，2021）。

数字创业聚焦 7-1 💡

三一重工：从数据积累到数字创业的跨越式转型 [①]

作为全球领先的大型制造业企业，三一重工积累了海量数据及数字资源。同时，多元化业务体系也提供了丰富的业务和技术应用场景。三一重工正利用其自身的独特优势，积极开展数字创业以推动企业持续创新和发展。

数字资源积累奠定数字创业基础。三一重工在生产过程中积累了大量设备运行、产品品质和生产过程数据，这些数据对优化生产流程、提升产品质量和降低成本具有重要价值。通过机器学习和数据挖掘技术，三一重工深度分析了消费者和核心利益相关者的行为特征，构建了准确的数字画像，为开展更聚焦、定向的服务提供了便利，如通过在产品上搭载传感器，收集丰富的运营数据，为后续产品及服务优化提供坚实基础。

多元业务场景催生数字创业新机遇。三一重工的多元化业务体系涵盖了工程机械、港口机械、能源电力等多个领域，创设了生态智慧风电、矿山开采、智慧码头以及应急救援等定制化的场景式数字解决方案。这些多元业务场景不仅为三一重工提供了丰富的实践经验，也为其数字创业提供了广阔的市场和空间。例如，三一重工孵化的工业互联网企业树根互联以根云平台为核心，利用大数据、物联网等技术，为装备制造、钢铁冶金、汽车整车及零配件等多个工业细分行业提供了工业互联网解决方案与数字化转型服务，带动了上下游企业实践数字化转型。

[①] 资料来源：张玉利，尚妤，田莉，2022. 制造业服务化升级的战略路径——以三一重工集团为例. 清华管理评论（3）：106-112；蔡莉，杨亚倩，詹天悦，等，2004. 数字经济下创新驱动创业过程中认知、行为和能力的跨层面作用机制——基于三一集团的案例研究. 南开管理评论：1-24。

数字平台助力中小企业参与数字创业。三一重工不仅战略投资树根互联，还建立了三一众创孵化器，通过与其他企业相互赋能实现价值共创。三一重工利用自身在智能制造、国际化等方面的优势，助推初创企业发展，与之共享产业园区设施、国际化合作通道和市场。产品成型后，企业产品还能在同等条件下优先纳入三一重工供应链系统。截至2020年底，孵化器内产值超过2000万元的企业有7家，新三板上市企业有2家，并提供就业岗位超1200个。这些举措有效带动了中小企业参与数字创业，实现了共赢发展。

大企业数字创业体系

大企业独特的数字资源、数字创业机会、数字人才和数字技术优势为其构建全面、高效的数字创业体系奠定了坚实基础。那么，大企业如何利用这些独特优势，构建符合自身特点和市场需求的数字创业体系？

一是整合优化数字创业资源。大企业拥有海量的数字资源，这些宝贵的资产，如生产数据、设备运行信息、产品品质数据等，为其数字创业之路奠定了坚实基础。为了最大化这些资源的价值，大企业需要构建一个完备的数据治理体系，通过精细化的数据收集、存储、处理及分析流程，确保数据的精确与可用，同时筑牢数据安全防线，守护用户隐私及企业秘密。此外，借助云计算与大数据技术的力量，大企业可以搭建起一个数字资源共享平台，不仅实现内部各部门间的数据流通与资源共享，更能够对外开放部分数据接口，与合作伙伴乃至整个生态系统内的企业共同创造数据价值。在这一过程中，通过深入的数据分析和敏锐的市场洞察，大企业能够精准把握数字创业项目的资源需求，从而进行资源的合理调配与高效利用，借助数字技术降低成本和提升资源使用效率，为数字创业注入源源不断的动力。

二是识别利用数字创业机会。大企业凭借其多元化业务体系，拥有众多业务和技术应用场景，这些多样化的场景无疑为数字创业孕育了崭新的机遇。为了紧抓这些宝贵机会，大企业需要建立一套灵敏的市场洞察机制，通过开展市场调研和收集用户反馈，精准把握市场的脉动与需求变迁，从而为数字创业项目的策划和决策奠定科学基础。同时，企业可着手搭建数字创业孵化平台，为内外部的创新力量提供全方位的孵化支持，通过不断的实践验证与产品迭代，加速数字创业项目的成熟与落地。进一步地，大企业还应积极构建数字创业的生态系统，与产业链各方，包括上下游企业、科研机构以及高校等，建立紧密的合作网络。这种跨界深度合作不仅能够实现资源共享和价值共创，还将推动整个生态系统的协同发展。

三是培育激励数字创业团队。大企业要想在数字创业领域发挥人才优势，就必须充分利用其深厚的人才储备和多元化的人才结构。为了实现这一目标，企业一方面可以从组织内部选拔那些具备经营技能及经验的专业人才与对数字创业项目怀有积极态度的员工，另一方面也可以结合外部引贤与合作等手段，吸纳更多杰出人才，共同搭建专业且高效的数字创业团队。此外，为了进一步点燃数字创业团队成员的热情和创新力，大企业还应建立一套科学的激励机制，如通过股权激励、项目分红等手段，确保每位成员的努力都能获得公正评价和应有的回报，从而持续推动团队在数字创业道路上取得更大的成功。

四是引领数字技术创新应用。大企业在数字技术创新与应用方面的优势，源于其深厚的技术积累和研发实力，这种优势正深刻改变着其数字创业的底层逻辑。一方面，数字技术的开放性使得创业边界得以拓展。一些大企业捕捉到这一机遇，积极构建起跨越组织边界的数字创业平台和生态系统，进而整合组织内外部创业资源并拓宽数字创业空间和视野。另一方面，大企业利用数字技术推动创业参与主体的多元化，形成了松散的动态集合体，通过紧密协作、知识共享和技术交流，共同应对市场挑战。大企业基于技术与研发优势，进一步打通创新生态系统，进而构建起开放的数字创新与创业的生态环境，这不仅有助于巩固其自身的技术领先地位，还有利于通过拓展创业边界和吸引多元化主体，推动数字创业的全面深化。

大企业数字创业模式

大企业数字创业路径

大企业数字创业是一个系统性、动态性的过程，正如建筑需要蓝图来指导施工一样，这个过程需要明确的路径来确保其得到有效执行。对应大企业多层次、多维度的数字创业体系，大企业数字创业路径涵盖了多个环节，包括平台构建、资源整合、跨界合作以及多元协同等，这些环节之间相互关联、相互促进，共同串联出大企业数字创业的发展路径。

一是构建开放性的数字创业平台。依托丰厚的数据资源积累和强大的资源耦合能力，许多大企业选择构建开放数字创业平台，为数字创业资源整合以及数字创业生态构建提供基础：一方面吸引内外部创业者、投资者和专家，形成多元化的创新网络；另一方面也借此促进知识和经验的交流，为众多数字创业者提供一个加速成长的环境。

二是深度整合内外部数字创业资源。大企业有能力对内外部数据资源、技术资源、人才资源进行整合，通过精细化资源管理，确保资源的有效利用。大企业还可以积极寻求外部合作，拓宽资源获取渠道，为数字创业提供更为丰富、多元的资源支持。

三是积极推动跨界生态合作。借助数字创业活动，大企业与其他行业、不同规模的企业合作开发新产品、新服务、新模式更加有可能。企业决策者通过跨界生态合作方式，引入新理念和新方式，推动企业的持续创新，降低投资风险，为企业带来更多的商业机会。

四是促进多元主体协同创新。大企业能有效促进多元主体协同创新，包括与内部研发团队、外部创业者、投资者、专家以及用户等的协同。依靠大企业平台，以及数据、资源和信息共享，数字创业的创新效率和整体效益将有效提高。大企业还可以更加有效地把用户纳入产品或服务开发过程，将其从消费者转变为合作者。

大企业数字创业模式选择

基于数字资源、数字创业机会、数字人才和数字技术优势，大企业逐渐形成了多样化的数字创业新模式，其中典型的模式包括数字内创业、公司数字创投以及数字平台创业。

第一，数字内创业。

数字内创业是由大企业借助数字技术和人工智能等先进技术，通过内部创业的形式实现新价值创造，并推动企业生态化转型的一种创新型创业方式。作为一种新型内创业形式，其往往由高层自上而下推动，且需要企业从战略视角进行整体布局。因此，数字内创业的核心在于将企业内部资源、能力和经验进行数字化梳理和转化。

对于传统大企业来说，一方面，数字内创业可以帮助其重新审视和重构自身的业务模式与商业模式，发掘出更能迎合数字时代用户需求的新兴商业机会和增长点，拓展新的市场和业务领域；另一方面，数字内创业鼓励员工在吸纳新兴数字技术的基础上开展创新与创造活动。因此，数字内创业也已成为助推传统大企业主动开展数字变革的新手段。

而对于互联网原生头部企业而言，先前积累的大量的数字资产对于它们理解用户需求、优化产品和服务、开发新商业模式起着关键作用。通过数字内创业，这些互联网原生头部企业可以进一步积累和利用数据资产，同时通过数据分析和挖掘，更好地理解用户需求、市场趋势和业务表现，获得基于数据驱动的关于企业整体的战略决策和运营管理的决策支持。

数字创业聚焦 7-2 💡

美云智数：践行数字价值，驱动智能制造转型[①]

美的于 2016 年成立美云智数科技有限公司（简称美云智数），其目的在于依托美擎工业互联网平台，以及基于先进企业的业务实践，将管理实践软件产品化，通过大数据、物联网、人工智能、云计算等技术，为智能制造及产业互联提供工业软件及数字化咨询服务。自成立以来，美云智数已经发展出了技术专利 30 余项，软件著作权 200 余项，并先后为长安汽车、比亚迪、华为、古井贡酒、爱玛科技等 1000 余家企业提供了数字化解决方案。

[①] 资料来源：肖静华，吴小龙，谢康，等，2021. 信息技术驱动中国制造转型升级——美的智能制造跨越式战略变革纵向案例研究. 管理世界（3）：11，161-179，225。

美云智数不仅发掘了新兴商业机会，不断向外输出数字化解决方案，还为美的集团自身的数字化转型以及企业战略决策和运营管理提供了有力支持。例如，美云智数基于大数据分析，形成了更精准的用户画像，迅速捕捉到年轻人下厨偏好的变化，美的集团据此及时调整其电烤箱产品策略，赢得了市场认可。以美云智数为代表的数字内创业实践，不仅帮助美的集团发掘出了数据资产的巨大价值，还为美的集团联动更广泛的业务、行业及市场，进而实现生态化转型提供了重要助力。

第二，公司数字创投。

公司数字创投正在成为大企业获取新兴数字技术能力、市场机会和战略资源，进而促进企业长期发展和价值提升的重要手段之一。大企业参与数字创投有三种典型形式。一是公司数字创投，即大企业通过风险投资机构或风险投资基金，专门对一些在人工智能、大数据等新兴数字技术领域具有创新性、高成长潜力和市场前景的创业公司进行投资，以帮助大企业及时洞悉前沿的数字技术能力、市场机会和战略创新价值，促进企业间的数字化创新协同效应；二是风险投资机构或风险投资基金，即通过对数字创业企业进行股权投资，获取股权收益和战略价值；三是私募股权基金或风险投资基金，间接参与新兴数字技术领域的投资和价值挖掘。此外，还有大企业通过组建孵化器或加速器，直接对数字创业企业进行培养、扶持和投资，以促进数字创业企业的快速发展和创新迭代。

数字创业聚焦 7-3 💡

上汽集团：数字创投牵引，力保基业长青①

全球科技与产业革命的加速，推动了未来出行方式的变革，"造车新势力"的竞相追赶，更是为传统汽车制造行业带来了巨大挑战。上汽集团作为规模领先的汽车制造企业，正努力通过数字创投等方式，在全球搜索新兴的、具有潜力的未来赛道，力争把握产业发展趋势，加快创新转型。例如，上汽集团投资的 Savari 就一直走在被认为可能颠覆汽车制造产业的 V2X（vehicle-to-everything）技术的前沿。

Savari 诞生于印度而后发展于美国，主要服务于汽车前装市场、后装市场以及智慧城市建设。Savari 已经发展出了一套完整的 V2X 通信技术解决方案，可支持 DSRC 和 LTE-V 等不同通信模式，并可与多个无线芯片厂商配套使用。

自 Savari A 轮融资起，上汽集团就持续对其进行投资，且双方合作不断从资本层面向实质性合作层面深入。2016 年，Savari 宣布与上汽集团北美公司（上汽集团全资子公司）达成协议，在大中华区和指定的东盟国家制定 V2X 通信解决方案。在完成智慧城市封闭测试场及开放道路的规划后，Savari 将采用融合 LTE-V 和 DSRC 的 V2X 通信解决方案，并最终在上海国际汽车城的国家智能网联汽车试验基地具体实施。通过公司数字创投，上汽集团得以与 Savari 展开更深入的合作，使其能够通过资本的力量获得新技术领域的优先权，率先抢夺蓝海市场，力保企业基业长青。

---

① 资料来源：董静，张骞，2021. 战略导向与公司风险投资的跨国投资策略——基于汽车制造业的多案例研究. 经济管理（11）：70-88。

第三，数字平台创业。

除了数字内创业和公司数字创投，一些大企业还选择通过搭建数字平台，来连接和整合包含数字创业者、创新者和合作伙伴等在内的各方资源，借此参与到更广泛的数字创新与创业活动之中。在数字经济驱动下，数字平台创业已成为大企业数字创业模式的重要组成部分，它不仅为企业自身带来了新的增长点，也为社会整体数字经济的繁荣和发展注入了强劲动力。通过搭建数字平台，大企业能够打破传统业务边界，以更加开放和包容的姿态，吸引和汇聚各类数字创业者、创新团队以及合作伙伴。在数字创业平台上，各方可以共享资源、交流经验、协同创新，共同探索数字经济的无限可能。

对于大企业而言，数字平台创业能够帮助其更好地洞察市场需求，快速响应变化，不断推出新的产品和服务。因此，通过构建一个健康、活跃、富有创造力的数字创业平台生态，大企业能够持续激发内部创新活力，同时吸引外部优秀人才和团队，共同推动数字经济的蓬勃发展。

数字创业聚焦 7-4

海创汇：汇众力，创众业

海创汇成立于 2014 年 5 月，是海尔打造的孵化创客的数字创业生态系统。起初，海创汇仅面向海尔内部员工开放，逐渐发展成为一个在 12 个国家布局了 40 个加速器，并汇聚了全球 4000 多个创业项目的综合性数字创业平台。[①] 海创汇先后被评选为国家中小企业公共服务示范平台、第一批为

---

① 数据来源于海创汇官网：https://www.ihaier.com/about2021/index.html?lang=cn#subnavhttps://www.ihaier.com/about2021/index.html?lang=cn#subnav。

专精特新"小巨人"企业提供服务的公共服务示范平台，以及全国创业孵化示范基地。海创汇通过搭建开放的大企业创新创业平台，探索有根创业加速模式，成功孵化出雷神科技、小帅影院、海融易、易冲无线、涂鸦智能等多个明星项目。

　　海创汇不仅是海尔的开放式创新创业平台，也是大企业和中小企业融通创新的重要通道。它依托海尔的产业资源，汇聚了广泛的生态资源，构建了大企业共享创业的"热带雨林"生态。目前，海创汇已发布《大企业共享创业平台的标准》，携手30多家大企业和专精特新企业，共同打造融链固链新生态，力求实现创新链、产业链、供应链等多链条的全方位融通。

大企业数字创业机制

　　明确了数字创业模式路径后，可以清晰地认识到，大企业亟须在数字化浪潮中找准自身定位，通过数字创业实践开辟出一条兼容自身特点与市场需求的新道路。只有完善的机制保障，才能确保大企业数字创业的优势得以充分发挥，体系得以高效运转，模式路径得以顺利实现。本部分将探讨大企业数字创业的机制保障，为大企业数字创业提供指引。

政策机制

以下两种政策机制能为大企业数字创业提供保障。

　　一是保障大企业核心数据资源恰当流通与使用。大企业在长期经营过程中所积累的海量数据资源是其发展数字创业的基本"养料"。因此，政府需要首先关注大企业核心数据资源的流通与使用。政府应制定明确的数据流通政策，规范数据交易行为，通过数据确权等相关规则政策，来确保大企业的核心数据能够在合法、安全的环境下得到恰当的流通与使用。这不仅能够促进数据的优化配置，还能避免数据资源的浪费和滥用，从而保护大企业数字创业的核心竞争力。

二是激励大企业发掘和发挥技术与研发体系优势。政策还应着眼于如何更好地发挥大企业的技术和研发优势。政府可以通过提供研发资金支持、税收优惠等政策措施，激励大企业加大技术研发投入力度，推动其技术和研发优势的进一步发挥。政府可进一步优化跨企业、跨机构的合作机制，引导大企业开放组织边界与多元合作，如大中小企业、产学研机构之间的融通创新政策，可以鼓励组织间建立长期的投资关系以降低交易成本（Bothello et al.，2019）。近年来，一些互联网巨头已借助数字化转型的牵引，对跨组织边界的合作共赢与融合赋能模式展开深度探索，催生了诸如小米生态链企业、树根互联平台等诸多大小企业融通创新典型模式。

组织机制保障

要建立为大企业数字创业提供保障的组织机制，需做到以下几点。

一是重塑组织结构和流程。从组织层面看，组织结构和流程会影响企业发现和整合异质性资源的能力，是影响企业数字创业绩效的最基本要素。已有不少大企业在组织结构重构和流程重塑等方面做出了大胆尝试。例如，曾经的"蓝色巨人"IBM 已经重组为一个由稳定部分和可变部分组成的可重构组织。前者包含了财务、客户关系等可以在企业内通用的流程；后者则涵盖了创新团队、管理决策团队等可以不断重组的团队（曲永义，2022）。此外，针对数字创业的组织结构优化还包括推动非层级化的协调方式，即减少管理层次，实行扁平化管理，赋予一线员工更大的决策权力。通过引入自组织或合弄制等先进协调机制，大企业可以在推进数字创业的过程中维护内部信任，并显著提高组织内各部门及团队的协作效率。

二是构建高强度的内部竞合机制。积极构建高强度的内部竞合机制也是大企业保障数字创业项目良性竞争的重要机制之一。一方面，通过制度化内部竞争与合作，大企业可设立多个团队，并行推进不同的数字创新项目，在市场中展开竞争，提升数字创业产品或服务的迭代率以及市场响应速度。例如，月活用户量已达 13.43 亿的微信就源自腾讯内部并行推进不同的数字创新项目并展开内部竞合战略（Murmann and Zhu，2021）。另一方面，为了进一步增强组织内部的创业积极性，大企业还可以设立专门的数字创业项目基金，为有志在数字创业领域做出成绩的人员及团队提供必要的资金支持，并建立明确的奖励体系，如创新项目商业化后的利润共享和股权激励等，从而有效激发团队的创新潜能和动力。

三是建立内部创新创业容错机制。为了推动创新创业，大企业需要建立创新创业容错机制。在数字创业过程中，失败是难以避免的，因此，大企业应以一种宽容的态度，允许数字创业团队在合理范围内进行试错，并建立完善的容错机制来减轻员工对创业失败的恐惧。当然，对失败的数字创业项目，也应进行深入的复盘与总结，从中汲取宝贵的经验教训，为未来其他数字创业项目的成功铺平道路。此外，明确容错免责标准也至关重要，这可以为数字创业团队提供清晰的责任边界，从而减轻数字创业团队因担忧失败而不敢尝试新事物的心理负担。

管理机制保障

要建立为大企业数字创业提供保障的组织机制，需做到以下几点。

一是发展企业家数字战略领导力。保障大企业数字创业顺利推进的关键在于发展数字战略领导力。企业管理者在制定数字创业战略时，需融入悖论式框架思维，即在设定宏大愿景和目标以激励广泛创业探索的同时，也要界定清晰的探索边界，以保证数字创业活动与企业核心资源和战略目标相契合。

二是推进跨部门协作与资源整合。整合企业内部各部门的专业知识和资源是不可或缺的一环，通过跨部门合作共同助力数字创业项目的高效推进。此外，强化企业高管团队与中层管理者之间的双向沟通也十分关键（Putra et al.，2024），这不仅有助于确保数字创业战略能够在不同层级之间得到有效传递和执行，还有利于调和大企业探索数字创业活动边界时的步调与方向，帮助大企业实现数字创业过程的行动"对齐"。

三是在企业高层和中层中积极推广数据驱动的决策文化，鼓励团队成员在制定决策时充分利用数据分析，以增强数字创业战略推行过程中的决策科学性和精确性。借助持续的数据反馈和优化过程，企业可以动态地调整其数字化战略，确保战略目标的顺利达成。

参考文献

[1]　蔡莉，杨亚倩，詹天悦，等，2024.数字经济下创新驱动创业过程中认知、行为和能力的跨层面作用机制——基于三一集团的案例研究.南开管理评论：1-24.

[2]　曲永义，2022.数字创新的组织基础与中国异质性.管理世界（10）：158-174.

[3]　魏江，杨洋，邬爱其，等，2021.数字战略.杭州：浙江大学出版社.

[4]　肖静华，吴小龙，谢康，等，2021.信息技术驱动中国制造转型升级——美的智能制造跨越式战略变革纵向案例研究.管理世界（3）：11，161-179，225.

[5]　张玉利，冯潇，田莉，2022.大型企业数字创新驱动的创业：实践创新与理论挑战.科研管理（5）：1-10.

[6]　张玉利，尚妤，田莉，2022.制造业服务化升级的战略路径——以三一重工集团为例.清华管理评论（3）：106-112.

[7]　Bothello J, Nason R S, Schnyder G, 2019. Institutional voids and organization studies: Towards an epistemological rupture.Organization Studies (10):1499-1512.

[8]　Murmann J P, Zhu Z J, 2021. What enables a Chinese firm to create new-to-the-world innovations? A historical case study of intrafirm coopetition in the instant messaging service sector. Strategy Science(4): 265-445.

[9]　Putra F H R, Pandza K, Khanagha S, 2024. Strategic leadership in liminal space: Framing exploration of digital opportunities at hierarchical interfaces.Strategic Entrepreneurship Journal(1): 165-199.

第 8 章

数字创业生态

　　作为数字技术时代的新型航母，数字创业生态正以灵活、敏捷、高效的特点引发学界和业界的特别关注。在数字创业生态系统中，数字技术与创业行为深度耦合，不仅提高了资源交换效率，重塑了传统的创业方式，而且促进了企业商业模式的更新换代，催生出了业态纷繁的各类新创实体。越来越多的数字企业（如淘宝、拼多多、美团、腾讯等）也正从单纯的数字交易平台演化为包罗万象的数字创业生态。丰富的创业机会、友好的创业路径、健全的创业基础设施等，吸引了大批量创业者踊跃加入数字创业生态。抖音电商 2023 年 9 月发布的数据显示，过去一年，884 万名电商作者在平台获得新收入。他们通过直播、短视频、橱窗、图文等丰富的形式带货，累计 GMV 破 10 万元的作者数量超过了 60 万。[①] 数字创业生态突破了传统科层组织与平台组织发展的边界限制，实现了生态系统层面的多主体协同共生。本章将通过数字创业生态构建、数字创业生态竞争、数字创业生态治理三个部分，对数字创业生态进行更加深入的解析。

数字创业生态构建

数字创业生态的提出

数字创业生态这一概念最早由 Sussan and Acs（2017）提出，其通过整合数字生态系统和创业生态系统两个概念，提出了数字创业生态的框架。显然，数字创业生态不仅具备数字生态系统和创业生态系统的双重特征，还能在二者结合的基础上表现出自己独有的特征。在数字生态系统的收敛性、可拓展性、模块性等和创业生态系统的多样性、网络性、共生性、竞争性、自我维持性等（蔡莉等，2016）多重特征的共同作用下，数字创业生态的创业方式、创业范围、创业边界、价值创造、迭代速度等均发生了翻天覆地的变化。

从根本上说，数字创业生态新特征的涌现与其深度嵌入数字技术密不可分。数字技术给创业活动带来了根本性变革。一方面，随着数字技术的应用，创业活动打破了传统的劳动、资本、知识等要素有限供给的局面，同时在数字技术的赋能下，创业活动中的数据、信息等新生产要素能深度融合并发挥协同作用，从而形成多层次、网络化、开放的数字架构。另一

---

① 数据来源：新华网（http://www.xinhuanet.com/tech/20240123/b75bf8aa704545e39921e41531d49959/c.html）。

方面，开放的数字架构具备包容性，可以吸引从 B 端到 C 端甚至到 G 端等数量庞大的参与者进入，海量的用户需求不断推动生态系统内部参与者推出跨界融合的颠覆性产品，让数字创业生态系统的产品、服务供给不再受限于地理边界和行业边界，呈现出全数据、全渠道、全节点的多主体高价值共创。因此，数字创业生态系统可以进行更快、更深、更广的价值创造和价值传递，从而在市场中获得长期竞争优势。

可见，数字创业生态系统是数字生态系统与创业生态系统交叉和创造性融合而成的产物，能够连接数字空间平台中的数字产品生产者和数字消费者，从而减少交易成本、创造匹配者价值和社会效用。在数字生态系统关注数字技术架构和创业生态系统关注促进创业资源共享的基础上，数字创业生态系统是一个自组织、可持续、能拓展的体系，核心关注点聚焦于数字技术与创业行为的耦合关系和价值共创研究，例如数字技术如何赋能企业、如何与企业共生、如何实现价值共创等重要议题。

数字创业生态的构建

既然数字创业生态系统拥有传统创业网络无法比拟的生态优势，那么，如何构建或形成一个有活力的数字创业生态系统？由谁来构建？其构建过程受到哪些因素的影响？

数字创业生态系统可以源于某个创业企业为主，在它的引导和规划下逐步形成。同时，也可以在多个创业企业的共生关系作用下慢慢演化而成，从一定意义上说，多主体之间相互依赖的共生关系是数字创业生态系统动态演进的重要标志。例如，我们熟知的淘宝、京东、小红书、抖音、美团、蘑菇街等生态系统，有的是以某一个核心企业为主构建的数字创业生态，而有的是通过多个主体共同形成的数字创业生态。虽然每个数字创业企业的创业过程不尽相同，但都是以非线性的方式跨越时间和空间展开，这一过程可以吸引更多主体参与到数字创业活动中，同时也会加速资源流动，使得创业企业的生产、交付、服务方式更加灵活，产业链更加灵活和强韧，带来更大的规模效益，引导数字创业生态系统生成。可以说，数字创业生态系统的构建及形成过程，就是数字创业企业的创业活动聚集，并形成具有数字化特征的创业空间形态的过程。

那么，哪些因素会影响数字创业生态系统的形成呢？显然，数字技术特征的影响最为明显。首先，数字技术的开放性是数字创业生态系统形成的基本条件。正是由于开放性这一特征，创业的组织边界越来越模糊，创业主体之间的相互依赖程度越来越深。同时，开放性也降低了创业企业进入的技术壁垒和相关的市场风险，增强了创业者追寻机会的可能性。

其次，数字技术的可供性提高了数字创业生态系统建立的可能性及系统释放价值的潜力。可供性是指数字技术为特定使用者所提供的创业能力或机会，能够促使生产元素得以重新组合与匹配，赋予主体更多的能动性，从而为用户共创提供更多机会。同时，可供性还可以让数字技术被不同主体应用，产生不同的效果，释放出不同的潜能，创造不同的价值。

最后，数字技术的可再生性提升了数字创业生态系统的自组织演化能力。可再生性能够以低成本、高速度实现较高的性能，大幅度提升主体的创业产出。同时，可再生性允许要素的重组以及产品功能的组装、拓展和再分配，有助于创业机会与资源的动态进化，使得数字产品在虚拟空间里可以进行无限次更新迭代。

数字创业生态的演化

数字创业生态本质上是一个动态发展的系统（McIntyre et al., 2020）。除了对基础平台技术进行创新，数字创业生态的核心企业通常还负责建立生态系统的参与规则，并负责整个生态本身的持续演进。数字创业生态最终演化的方向是形成一个自我更新的、自我发展的可持续生态系统，在这一过程中，核心企业扮演重要角色，要不断地拓展业务边界、不断地引入更多的参与者。

数字创业生态为什么要不断动态发展与演化？传统工业经济下，企业规模与企业绩效之间并不存在着绝对的正相关关系，当市场上仅有 1 家企业或 2 家企业时，这种垄断或寡头市场结构会使企业的资源配置效率低下并产生负面影响。但是数字经济却具有相反的特征，生态规模与生态绩效表现一般具有正相关关系，也就是生态规模越大，生态的资源配置效率越高。原因何在？一方面，数字经济的组织形态具有网络外部性或网络效应特征。随着参与者数量的增加，该生态系统的价值同样呈指数级增长，有利于提高资源配置效率。另一方面，生态组织的边际成本随着规模的扩大而减少，甚至在某一临界点后出现每个新增使用者的边际成本为零的状况。这就是数字创业生态一直拓展业务边界，不断演化与发展的核心原因。

在数字创业生态系统动态发展与演化过程中，其相应的战略及内在驱动力也会发生变化。要想实现整个数字创业生态的良性发展，一般来说可以有两种战略路径，一种是架构升级，另一种是服务创新。架构升级是通过交易空间的改变、交互规则的升级来重新优化体系架构，将平台用户的新需求与已有资源进行重新匹配。例如，滴滴出行这个数字创业生态的演

进过程，包含从单一的数字产品到数字平台再到数字创业生态的三个发展
阶段。第一阶段的数字产品是一种有实存在；第二阶段以双边市场为前提，
关注数字产品如何演化为数字平台；第三阶段研究平台企业如何演化为数
字创业生态系统的创新行为。服务创新是在平台上开发更多的创新服务来
降低平台的弃用风险，同时吸引潜在用户加入。例如，韩都衣舍探索了整
个数字创业生态从产品价值创造过渡到生态价值创造的过程。其中最重要
的就是服务创新，而动态能力又是服务创新的核心驱动力，其演化过程分
别表现为快速迭代能力、平台整合能力、生态圈构建能力，呈现出的三个
阶段为产品价值创造阶段、平台体系形成阶段、生态价值创造阶段。

数字创业聚焦 8-1 💡

阿里巴巴的数字创业生态

2003 年，阿里巴巴搭建了 C2C 零售平台（淘宝），通过双边平台模式
将消费者、供应商连接起来，制定统一的交易标准，为双边参与群体提供
价值服务。由于实施免佣策略，淘宝用户数量迅速增长。2003 年 5 月，淘
宝诞生 20 天后，迎来了第 10000 名注册用户。2003 年全年，淘宝总成交
额达到 3400 万元。[①] 淘宝的在线商品数已经位居行业前列。同时，阿里巴
巴围绕交易功能逐步进行完善，为商家们推出了中介担保工具（支付宝）
以及即时沟通工具（阿里旺旺），解决了买卖双方的信任顾虑问题。截至
2011 年底，淘宝单日交易额峰值达到 43.8 亿元，创造了 270.8 万个直接就

[①] 数据来源：中国共产党新闻网（http://cpc.people.com.cn/big5/n/2013/0513/c83083-21457447.html?ol4f）。

业机会。①

为了完善数字创业生态，阿里巴巴开始为商家提供电商相关的一系列服务。针对商家的营销推广需求，2007 年，阿里巴巴推出了阿里妈妈这一营销服务平台，主要针对全网进行广告交易，帮助商家进行以数据驱动的全网营销推广，旗下产品包括搜索营销（天猫、淘宝直通车）、精准定向营销（定向及钻石展位）、内容营销（淘宝客）等。针对交易过程中的数据管理要求，2009 年 10 月成立阿里云计算，目的是打造以数据为中心的云计算服务平台。阿里云盘活了阿里巴巴旗下所有电商平台的数据资源，开始向商家、企业以及消费者分享其海量原始数据。根据数据的安全性、复杂性、使用条件等，阿里巴巴有层次地进行数据开放，提供了数据魔方、聚石塔等数据服务。2009 年，阿里巴巴启动淘宝合作伙伴计划，召集各方面的电子服务外包供应商在 IT、渠道、服务、营销、仓储服务流等环节，为中小企业、商家以及消费者提供个性化的产品和服务。2011 年 6 月，阿里巴巴宣布启动大阿里战略，核心是所有资源平台化，阿里巴巴将和生态系统内的参与者（包括消费者群体、商家群体、制造商群体等）分享所有资源。通过整合信息流、物流、资金流，阿里巴巴将为整个生态系统提供更全面的基础服务。

在核心业务布局上，阿里巴巴继续完善以电商交易为基础的服务，在消费者的衍生需求上进行业务拓展，通过自建平台引入不同种类的服务商和供应商。2014 年，阿里巴巴推出阿里去啊，后改名为飞猪，这是基于消费者需求开发的 OTA 在线旅游市场平台，专为消费者提供出行服务。2016

---

① 数据来源：淘宝网（https://www.taobao.com/tbhome/page/about/home?spm=a21bo.9614891.102.1.7dc96b0bvAvrmA）。

年，阿里巴巴推出的闲鱼，就是基于淘宝、天猫的二手交易市场平台，只要在淘宝、天猫交易过的用户，都可以通过闲鱼进行一键转卖。2015—2019 年，阿里巴巴大量地与线下的零售平台合作，推出了一系列基于线上线下系统的 O2O 服务，引入了线下零售服务商。这些互补平台为用户提供了更多完整的电商服务，完善了生态系统的电商价值。

由此可见，阿里巴巴的数字创业生态起源于淘宝这个原始平台。在淘宝的基础上，通过高强度的同边网络效应、跨边网络效应以及数据网络效应，阿里巴巴逐渐分化并培育出了支付宝、阿里云、天猫、一淘网、飞猪、闲鱼、菜鸟等其他互补平台。在阿里巴巴的数字创业生态中，多边参与群体扮演了重要角色，通过引入多边参与群体、拓展业务边界，最终形成了一个庞大而繁杂的数字创业生态系统。

数字创业生态竞争

数字创业生态的竞争策略及其影响因素

数字创业生态的竞争逻辑与其发展逻辑一脉相承，存在两种典型路径，即赢者通吃和差异化。赢者通吃指的是生态的规模效应，通过规模策略提升参与者数量和多样性，进而为用户提供全面的产品价值和服务价值，基于内容多样性实现"跑马圈地"，提升整个创业生态的价值。差异化指的是生态的排他效应，即通过排他策略吸引专属参与者，进而为用户提供差异化的产品价值和服务价值，基于内容独占性打造利基市场，提升整个创业生态的价值。

虽然说以上两种竞争策略是大部分数字创业生态惯常采用的手段，然而，我们从现实中观察到，虽然不同的数字创业生态采取了相似的发展策略，但是它们之间的生态绩效存在巨大落差，有的生态持续壮大，而有的生态却逐渐没落。以 B2C 行业为例，大部分电商生态在发展过程中倾向于采用规模策略，通过大量的、多样化的商品和服务吸引并留住用户。从实施结果来看，并非所有生态系统都通过规模策略实现了较高的市场绩效，而是出现了较为明显的市场结构分层，淘宝一直以 50% 的市场份额获得头部优势，京东和拼多多分别以 26% 和 12% 的市场份额位列第二与第三，其他电商生态系统只能瓜分剩余市场份额，整个行业呈现寡头垄断状态。

为什么同样的竞争策略放在不同的数字创业生态，作用显著不同？这里面有很多影响因素，最重要的是生态层的特征，例如生态的数字化功能强度，在其中发挥了至关重要的作用。生态层的数字化功能（platform-based digital function）可被看作一系列以数字技术为基础的可供参与者个性化使用的生态功能，这些功能被深度嵌入数字创业生态并由核心企业提供相应的技术支持。重要的是，生态层的数字化功能对参与者是可见的，参与者可通过前端界面进行适时调整和配置。同时，该功能允许用户深度参与到相应功能模块的互动中。例如，相比起其他电商生态系统，拼多多提供了更多基于社群互动的数字化功能，如"拼团""拼小圈"等，这些功能可由商家自行设置参数，从而激发用户进行社群互动，以达到与店铺品类匹配的营销效果。

数字创业生态系统是多边群体相互影响的网络，生态层数字化功能的出现，可以直接影响生态系统里参与者互动的频率、效率，进而对整个生态的绩效产生显著影响。例如，数字创业生态提供的数字化功能可帮助参与者通过分布式创新、重组式创新两种方式大幅提升运营效率，基于数据资源的重复利用为用户创造更多创新价值。同时，生态层的数字化功能还可能使参与者精准地对需求预测、产品设计、定价和库存管理、供应链管理等关键环节进行优化，更快地为用户提供基于潜在需求的产品和服务。由此可见，在数字创业生态系统常用的两种竞争策略的基础上，生态层的数字化功能凸显了更加重要的作用，强化了生态参与者资源的规模优势、范围优势及速度优势，从而对用户交互行为产生正向显著影响。

数字创业生态内部的竞争

在数字创业生态系统内部，由于存在复杂的、多元的关系，参与者和核心企业之间、参与者和参与者之间，也有不同程度的竞争。数字创业生态内部的核心企业如何有效发挥自己的权威和实力，是整个生态系统繁荣的关键。在数字创业生态系统中，参与的主体很多，扮演的角色也很多元化，最重要的就是核心企业这个龙头角色，整个数字创业生态系统能否在市场中成为赢者，和核心企业有很大的关系。

Gawer and Cusumano（2008）针对为什么有的核心企业能把所在的数字创业生态系统变成行业领导者这一关键问题，识别了两种让核心企业在生态系统中凸显并成为主导创业生态系统的策略。一是核心（coring）策略，即通过创建一个全新的生态系统来实现市场主导；二是颠覆（tipping）策略，即通过撬动现有生态系统的资源来实现市场主导。在核心策略中，核心企业设计某一元素（可以是技术、产品或者服务）并使该元素成为技术系统或交易市场的必要元素。在颠覆策略中，核心企业通过一系列的战略举动影响市场动态，这些战略举动包括营销、推广、产品研发、联盟活动等，该策略需要生态技术和市场两方面的共同努力。

数字创业生态系统中核心企业与参与企业之间的竞争关系也十分微妙。我们知道，核心企业是制定数字创业生态系统规则的主体，而生态参与企业专注于为整个创业生态系统提供定制化、创新化功能支持，以帮助生态强化网络效应、巩固竞争优势。然而，当某些参与企业发展到一定市场规模后，核心企业通常会对其进行"封杀"或掠夺式并购，以降低潜在的"反噬"威胁和巩固竞争优势。也就是说，核心企业在这个时候成了参与企业的竞争对手，希望在生态内部通过并购的方式消灭参与企业这个潜在竞争对手。

事实上，我们发现生态系统内部参与企业的处境十分艰难，它们发展到一定规模后，难以招架核心企业的竞争攻击，无法在脱离生态后继续生存下去，所以在很多情况下不得不接受核心企业的"不平等条约"，同意被并购。参与企业脱离生态后无法生存的原因有三：一是由于网络效应的存在，参与企业退出某一创业生态后几乎没有替代选择；二是参与企业与核心企业的关系从传统组织间的 1 对 1 的二元关系转变为 N 对 1 的多元不对称关系；三是核心企业可以通过限定 API 接口、规定技术参数等方式来构建技术壁垒，进一步限制参与企业快速迁移到其他生态的可能。因此，在数字创业生态系统的情境下，作为生态参与者的小企业战略能动性更小，受核心企业决策影响更大，生态转移成本更高，其资源和能力具有特定生态专属性特征，脱离原有生态的再创业之路也十分艰难。

数字创业生态之间的竞争

数字创业生态之间的竞争是当前的热点话题之一。在现实生活中，我们观察到，部分行业已经涌现出一些主导的数字创业生态系统，例如社交行业的微信、电商行业的淘宝、本地生活服务的美团等。对于这一现象，有人认为主导生态系统的出现是数字经济市场发展的一种必然结果，竞争的结果就是出现赢者通吃的数字创业生态系统。然而，光讨论结果毫无意义，无论是数字创业生态系统竞争优势的初步构建，还是数字创业生态系统竞争优势的后续维持，都需要进一步探索它为何能实现以及是如何实现的。

首先，为什么有的数字创业生态系统能构建并维持竞争优势，就是一个很有趣的话题。一派学者认为，创业生态系统的核心企业在其中扮演了重要作用。Eisenmann et al.（2011）认为在数字经济环境中，数字创业生态系统之间的竞争是动态的，没有哪一个生态的竞争优势可以永恒，并特别讨论了主导的大规模的创业生态系统被小规模或者刚萌芽的生态系统"跳过"或取代的现象。这种现象背后映射出"包络"这一重要战略，该战略可以让新萌芽的生态系统不通过熊彼特创新而进入市场并实现追赶和超越。McIntyre et al.（2020）认为数字创业生态系统的核心企业需要有效地管理整个数字创业生态系统。一方面，核心企业需要提高用户的转换成本，通过架构设计和治理机制来降低生态系统之间的竞争强度以及阻止互补者及用户的多栖息行为；另一方面，核心企业需要拓展业务范围，因为跨生态网络效应可以提升用户价值，通过生态黏性隔绝新的竞争者。这两方面的策略可以帮助平台更高效、更快速地演化成为具有竞争力的数字创业生态系统。还有一派学者认为，外部环境对生态系统竞争优势的构建也会产生积极影响。例如，商业环境风险、平台战略风险、管理风险等会影响生态系统的客户流失以及经营绩效，因此数字创业生态系统需要在后续发展过程中在这几方面做好积极应对的准备。

其次，关于数字创业生态系统竞争优势后续如何维持的探索，学界和业界都略显不足。我们目前主要集中关注主导的数字创业生态系统是如何成功的这种短暂性问题，但是我们需要思考一个后续议题：一旦生态系统建立先发优势后，还能持续地保障显著竞争优势吗？答案是并不是所有的生态系统都能够做到。诺基亚（Symbian 系统）和黑莓公司（Blackberry OS 系统）曾是移动 OS 市场的主导生态，但它们并没能持续地维系创业生态竞争优势，随后被苹果（iOS 系统）、微软（Windows 系统）和谷歌（Android 系统）等生态所超越，最终走向了消亡。因此，我们需要进一步关注数字创业生态系统如何随着时间流逝持续地在市场竞争中保持显著的竞争优势。McIntyre et al.（2020）关注了这一问题，发现数字创业生态系统的网络特点（网络强度、相互依赖程度）、生态特点（架构重叠性、跨平台网络效应）以及互补者特点（单栖息、地位和资源位置）等一系列因素可能会增强或减弱整个数字创业生态系统竞争优势的持续性，以及它们如何超越竞争对手。随着数字创业生态系统之间竞争的不断增强，了解数字创业生态系统竞争优势的持续性对于核心企业如何进一步有效地管理生态系统生命周期、实施相应战略举动以及管理生态系统的参与者群体非常重要。

数字创业聚焦 8-2 💡

蘑菇街与淘宝的生态竞争故事 [①]

蘑菇街原名卷豆网，创始人为陈琪。2011 年 2 月，卷豆网的升级版蘑

[①] 资料来源：杨佳铭，魏江，缪沁男，2023. 平台主关系断裂情境下价值支持型企业再创业过程研究. 南开管理评论（6）：212-225。

菇街正式成立，通过创建女性购物的讨论社区来推动用户购买，为淘宝带来了大量流量的同时也赚取了不少佣金。从创立之初，蘑菇街就抓住了电商平台流量运营的刚性需求。通过定位为电商平台导购社区，蘑菇街为淘宝核心品类（如女装、化妆品等）进行导流，推出了一系列基于淘宝的流量"玩法"。数据显示，2012 年，淘宝有接近 10% 的流量来自蘑菇街等导购平台。

2013 年，蘑菇街对淘宝流量的影响愈发凸显，日均浏览量突破 7000 万且交易转化率高达 6%，通过为淘宝导流赚取的日均佣金达到 60 万元。2013 年 8 月，淘宝平台发布公告，称将在一个月内全面屏蔽外链二维码图片，第三方平台的低价引流将不会计入主搜索排序和展示所用的销量，随即停止蘑菇街接入淘宝，至此，二者关系正式宣告破裂。这也意味着蘑菇街被淘宝踢出了原有的数字创业生态系统，二者成了"死对头"。由于淘宝封锁行动迅速、全面，蘑菇街原有的基于导购的盈利模式无法持续，出现了严峻的生存危机，不得不在困境中寻求转型，在脱离淘宝后重构自己的数字创业生态。

然而，蘑菇街的数字创业生态重构之路并没有想象中顺利。2014 年，蘑菇街整合买手这一品牌资产，提出"时尚买手第一街"的品牌定位，试图在消费者心中建立起"买手＝精挑细选＝蘑菇街"的品牌联想，成为女性时尚垂直电商平台。然而，由于当时的国内消费互联网生态还未成熟，加之用户购物体验较差，整个生态链条并未如预期一般实现。2014 年末，蘑菇街提出"重回社会化电商"的战略发展思路。2015 年，蘑菇街创始人陈琪提出"社交＋电商"双引擎驱动的发展理念，加快蘑菇街在社交电商的布局，试图从垂直电商平台转变为社交电商平台，主打以达人秀图的形式进行购物引流。这一阶段内，蘑菇街着重打造"B2C+C2C"的综合社区电商，将重心全部放在商家身上，产品布局、售后完善及用户体验优化成为战略核心。

转机出现在 2016 年 3 月，蘑菇街首创直播电商业务。6 月，蘑菇街与美丽说合并成立美丽联合集团，并宣布将围绕内容、社区、电商三个部分，为网红提供聚合内容和全供应链服务，并构建网红培育体系，将"红人 + 电商"的产业链打通。尝到了直播模式的甜头后，2019 年 3 月，陈琪明确提出"all in 直播"的发展战略。2019 年，蘑菇街再一次强化"以人为核心运营对象"的转型思路，通过孵化和培育主播、打造 IP、丰富内容、创新交互方式、提升人货场匹配效率等，完善了直播生态基础设施。蘑菇街陆续推出"候鸟计划""双百计划""星启计划"，用于招募和孵化主播和红人，并对现有的头部、腰部及新人主播进行不同程度的赋能与扶持。例如，为了提升人货场匹配效率，蘑菇街在线上层面完善了运营体系，开发了小程序，建立了微信对接群等，在线下层面开展了大量的选品会、订货会等对接服务。在 2021 供应链合作伙伴大会上，陈琪表示，蘑菇街会在未来三年内把重视原创设计作为平台发展方向，这也是蘑菇街对自身供应链的一次升级。"蘑菇街想要做成一个'万能插座'式的平台，为从事电商直播的不同参与者提供对接服务。也就是说，不管是个人主播还是机构，在这个平台上都能找到做电商直播的配套服务。"至此，在经历了与淘宝残酷的生态竞争之后，蘑菇街构建起了属于自己的数字创业生态系统。

数字创业生态治理

数字创业生态的治理困境

数字创业生态是以一个或多个核心企业为焦点企业，连接各类组织和个体的开放生态系统。这意味着数字创业生态中存在着各种类型的参与主体，不同参与者之间的动机和诉求存在差异，自然在利益分配上也会存在矛盾或冲突。要保障数字创业生态健康有序运行，核心企业必须建立有效的治理机制，来协调核心主体和各类参与者之间的关系、参与者和参与者之间的关系。

那么，数字创业生态系统的治理困境在哪里？相比于传统的创业网络中有限的参与者规模与简单的二元关系，数字创业生态是以参与者之间的相互作用关系为核心、以实现价值主张为目的的经济结构，其典型特征为创新要素数字化、参与主体虚拟化、相互关系生态化等。这些特征让数字创业生态充满无限生机，但同时也带来了不小的治理挑战。

首先，数字创业生态中海量、异质的虚拟创业主体之间存在资源协调和利益协调的挑战。对于新创企业而言，创业活动需要大量的资源交互，才能消除新创者劣势。诚然，数字创业生态中不同产业和不同区域的创业企业带来了创业资源的多样性和异质性，如虚拟创业社区、线上孵化平台这样的合作形式，能够让创业企业接触大量的潜在合作伙伴。然而，虚拟主体的存在也意味着传统的建立在市场契约上的二元关系治理方式并不适用于此，不同主体的参与动机及利益诉求不尽相同，迫切需要构建新型多边关系来促进整个生态的价值共创。

其次，动态网状的主体间关系让创新过程面临更多不确定性。多层次网状数字创新生态让创新行为不再遵循传统产业链中的线性顺序，系统内参与者之间的关系处在竞争与合作的模糊状态，如何激励参与者价值共创成为必须解决的现实问题。动态的连接关系强化了数字创新过程中的不确定性，可能提升机会主义风险。当数字创新网络中创新参与者之间的弱连带关系成为主流连接方式时，会降低参与者的创新合作深度和广度，合作关系也更易破裂，创新持续性不足、创新路径不稳、创新投入产出衡量标准缺失等，势必会削弱海量创新参与者的价值共创意愿。

最后，数字化的创新要素让数据资源的共享成为治理的焦点。一方面，数字资源在带来大量信息的同时，也带来了信息过载、数据孤岛、信息安全等问题，这对焦点企业的数据资源监控和管理能力提出挑战。另一方面，数字创新的快速发展依赖于人工智能等基础技术的进步，但这些赋能技术的开发者并不总能通过知识产权申请从创新中获利，数据资源的所有权和使用权的界定问题也始终悬而未决，极不利于激发生态中的创新动力。

正是以上的种种困境，导致了传统交易成本经济学、社会网络理论、产业平台理论等在数字创业生态系统治理中的失效。具体来说，我们都知道交易成本经济学的治理研究是建立在经济契约基础上的，通过正式承诺实现对创新参与者行为和成果的控制，但这一机制却无法应对数字创业生态系统中契约不完备性、关系复杂动态性带来的挑战。此外，基于社会网络理论的治理研究特别关注以信任为核心的治理机制，但数字创业生态系统中基本是以弱连带为主的连接关系，信任机制难以发挥作用，限制了信任机制在创新治理中的作用效果。还有，基于产业平台理论的治理研究关注生态领导者的战略行为与创新生态系统架构设计对参与者行为的影响，但数字创业生态系统中，海量的异质性参与者的创意相互碰撞，形成跨层动态联结，使得分工合作难以明确，不利于产业生态架构治理效力的发挥。

数字创业生态的治理机制

数字创业生态系统治理是系统平稳健康发展的必要条件，不仅可以优化多主体网络管理与资源整合，也可以促进战略协同，实现价值共创。从以上的治理困境可以看出，数字创业生态中的数字多主体自身是合法自治的，不是通过雇佣关系连接的组织，具有边界开放和成员角色多样的特性，因此会产生数字创业生态系统的一系列治理问题。我们需要思考：谁负责组织、管理和控制这一治理过程？如何维持有效的治理机制？数字创业生态系统治理是数字多主体通过组织设计与安排，优化配置系统中的要素，形成合理高效的治理机制，共同创造价值，保证数字创业生态系统的健康运行。

总的来说，数字创业生态的治理机制可以分为三类。

第一类是关系机制，即基于数字创业生态系统实现多边关系协调。数字创业生态系统为海量创新主体价值共创提供沟通协作通道，为多样性资源组合、数字共享提供基础设施。具体来讲，可以从两方面协调参与者之间的多边关系：一方面，设计数字创业生态系统的运行规则，为广泛参与者提供行为准则，提高参与者创新行为的一致性和兼容性。通过对生态内标准的设计，推动参与者提供具有适配性的互补性产品，加快参与者之间互补速度，推动一对多、多对多合作关系的建立。另一方面，赋能虚拟创新社区规范，实现集体行动。共同规范的形成让创新社区等新型制度场域内的参与者集体愿意遵循社区惯例，主动维护社区内关系，实现多边关系协调。

第二类是控制机制，即基于数字技术应用实现创新行为控制。数字技术发展与嵌入为创新行为控制提供了新的工具。具体来讲，可以从两方面协调参与者之间的多边关系：一方面，智能合约等数字化契约拓展了传统契约治理手段，为数字创业生态系统中知识产权授权与转让问题提供了新的解决方案，降低了创业行为中的机会主义风险。类似地，数字信用为参与者多边信任关系的构建提供了手段，通过数据评价参与者信誉水平，遏制参与者违规行为。另一方面，数字创业生态系统的架构设计通过模块化及界面设计、接入规则及沟通规则来控制创新行为。对数字产品进行模块化解构与标准界面设计，可极大减弱系统内显性协调活动；数字接入规则让系统的边界渗透性管理效率提升；基于数字技术的信息沟通规则可促进数字创业生态系统中的参与者实现知识共享、信息传播和共同理解，从认知层实现对参与者行为控制。

第三类是激励机制，即基于数字资源协同实现创新成果激励。如何激励松散耦合的生态系统伙伴是数字创业生态系统的治理重点。具体来讲，可以从两方面协调参与者之间的多边关系：一方面，大数据、云计算等技术可大幅提高数字资源匹配效率，让跨层次、跨领域的创新合作与高频次用户参与成为可能，为参与主体之间数字资源协同提供条件，能够助力实现新的价值创造路径。另一方面，数字化商业渠道建设能大幅缩短产品与用户之间的距离，不仅有助于快速响应市场需求和实现敏捷创新，亦能促进产品快速商业化。基于数字资源协同的机制赋能参与者快速占领市场从而获得创新收益，进而激励参与者持续创新。

数字创业生态治理的关键问题

目前，数字创业生态系统仍处于演化初期，其内部的关系和结构急需大量的研究，以搞清楚不同治理机制的前因、后果和过程，从而像传统的科层治理、市场交易治理那样，形成稳定且具有巨大解释力的治理体系。为此，我们应进一步研究数字创业生态系统治理有待解决的一些关键科学问题。

一是解构治理主体特征，探索数字创业生态系统治理的微观作用机理。现有研究把生态系统的核心企业等称为系统治理方，把其他参与者和互补者称为被治理方，那么，需要从理论上解析清楚治理方和被治理方的主体特征及二者之间的关系、结构特征，以探索治理的微观作用机制。例如数字创业生态系统的治理主体存在多种类型，有企业、政府、行业协会、虚拟组织等，我们需要进一步探索不同类型治理主体的有效治理机制及其对系统治理成效的差异性影响。此外，处于生态系统不同位置节点、扮演不同互补角色的参与者，是如何影响治理机制的选择与采用的？以及目前，参与者往往把生态系统的核心企业看作数字创业生态系统中瓶颈技术和赋能技术的赋能者，它们在数字创新过程中扮演了重要角色，如何对其进行治理？这些议题都需要未来进一步关注。

二是拓展系统节点关系，构建独特的竞争合作并重的治理模式。现在，学界和业界已经关注到竞争关系是生态系统的重要治理对象，提出节点之间的竞争强度对整个创业生态系统绩效存在显著影响，而数字创业生态系统中互补性合作关系是实现集体价值创造的主要手段。系统中具有相同功能模块的海量同质性节点之间的竞争关系及不同功能模块的异质性节点之间的合作关系共同组成了系统治理的核心对象，我们未来需要进一步强化对参与者竞合关系治理的探索，构建竞、合并重的治理模式。

三是探索治理机制演化，厘清数字创业生态系统治理模式演化趋势。数字创新是一种新兴的创新模式，目前仍处于初始阶段。数字创业生态系统治理也是个持续迭代过程，价值路径存在不确定性与复杂性，因此在这个演化迭代的过程中，治理目标可能发生转变。如何实现治理机制动态优化？如何实现系统变异性和稳性平衡？这些都是数字创业生态系统治理的关键问题，我们未来可以通过跟踪数字创业生态系统演化过程，来构建数字创业生态系统的持续治理模式。

数字创业聚焦 8-3

拼多多的生态创新治理实践

拼多多由黄峥及其团队创办于 2015 年 9 月，现已成为专注于 C2M 拼团购物的社交电商平台。2016 年 7 月，拼多多与拼好货合并，通过在线直销模式获得主要收入。2017 年第一季度，拼多多实现战略转型，放弃在线直销业务，开始专注于电商平台服务。这一转型非常成功，2018 年，拼多多年度活跃用户数达 4.19 亿，较 2017 年的 2.45 亿劲增 1.74 亿，同比增长71%，拼多多成为超越京东的中国第二大电商平台。[①]2018 年 7 月，拼多多在美国纳斯达克上市，股票代码为 PDD。目前，拼多多已成为仅次于淘宝的国内第二大电商平台。

拼多多的整个创业生态治理之路经历了从一般策略到独特策略的典型演化。和众多电商平台一样，拼多多在创立之初，通过低佣金策略吸引了

---

① 数据来源：中国新闻网（https://www.chinanews.com/cj/2019/03-14/8780110.shtml）。

大量商户，即采用了所谓的经济治理手段。发展初期，拼多多实施了"0 佣金、0 入住费、0 扣点"的招商政策。对于商家来说，基础费用方面，只需缴纳 2000—10000 元的保证金；第三方佣金方面，只需要缴纳 0.6% 的支付佣金，拼多多的优惠政策极大地缩减了开店成本。通过低佣金策略，拼多多吸引了大量商家，规模成长速度非常快。截至 2018 年 3 月 31 日，拼多多的年活跃用户数达到 2.95 亿，而截至 2017 年 12 月 31 日，年活跃用户数为 2.45 亿，这意味着拼多多单季用户数增长了 5000 万。[①]

在前期发展过程中，与竞争对手相比，拼多多的品类数量和品牌知名度都处于劣势，品类方面几乎均为生活百货类用品，品牌方面仅有极少数的知名品牌入驻。为了快速地提升品类数量与品牌质量，拼多多开始了围绕商品端的生态治理策略创新。一是加强与大型平台的合作，通过大型供应商来增加品牌数量并提高品牌质量。在发展一段时间后，拼多多逐渐开始与网易考拉、飞牛网、麦乐购、百联、亚马逊等大型平台建立合作关系，从而引入这些平台上的商品，在丰富商品 SKU 的同时提高商品质量。二是通过新品牌计划，孵化并推出"拼品牌"，从而提升平台专有产品多样性与质量。2018 年 12 月，拼多多大力推出"新品牌计划"，计划以最低成本来扶持 1000 家不同行业的小微企业，通过 C2B 模式培育"拼品牌"。该计划首期试点了包括潮州松发陶瓷、浙江三禾厨具、安徽富光保温杯等在内的 20 多家工厂。[②]三是加大商品打假力度，保证平台商品的品质。2016 年 3 月，拼多多正式成立平台治理部这一专业打假部门，通过多种方式对平台进行有效治理，例如：通过品牌权利人监督机制，可以让他们对侵权商品

---

① 数据来源：中国新闻网（https://www.chinanews.com/cj/2019/03-14/8780110.shtml）。

② 数据来源：人民网（https://industry.people.com.cn/n1/2018/1213/c413883-30464782.html）。

实时投诉,有效投诉达到 8 万多件;通过数据自动拦截技术快速地识别售假商品并下架链接,有效拦截链接 4000 万多条。这些措施帮助拼多多下架了 1000 多万个侵权商品,有效控制了假冒伪劣商品的回流率。[①]

围绕商家和用户的互动模式,拼多多的治理策略也进行了创新,提升了整个创业生态的交易效率。从交易过程来看,拼多多为商家提供了多种推广场景,以及多多进宝、搜索推广、场景推广、明星店铺、聚焦展位等多种功能,提升了平台交易率。在平台运营方面,拼多多为了激发品牌商家的内在动力,为之提供了流量与资金的全面支持。2017 年,"商家履约保障计划"的发布给诚信商家注入了一剂强心针,只要商家提供高质量服务、高质量产品以及良好的售后服务,就可获得优质的平台推广位置和一定量的资金补贴,这一举动无形中激发了商家诚信经营的动机。此外,拼多多通过百亿补贴活动对品牌商家和白牌商家进行区别管理,为多款品牌商品提供现金补贴,取得了良好的效果。拼多多的百亿补贴活动联合品牌授权商,改变了消费者群体对平台上品牌商家的看法,实现了用户需求的破圈和供给端的优化,带来了用户复购率的不断上升。

在生态的数字化功能方面,拼多多弱化搜索和购物车功能,通过大数据进行流量运营和流量扶持,对商户和商品进行分层优化,这一创新的治理策略也获得了成功。由于拼多多是反向推荐式电商,所以对单个 SKU 的运营更加精细化。它通过大数据的流量分配,可以更快速、更精确地打造单品爆款,然后通过数据把海量流量导向有限商品中去,引发消费者关注,从而激发他们的购买欲。此外,拼多多的个性化推荐系统借鉴了谷歌算法,

---

① 数据来源:央视网(https://jingji.cctv.com/2018/08/02/ARTILByfDtpipvhIZ7FeFPpz180802.shtml)。

根据用户行为数据来动态调整展示页面。通过实时的数据更新，拼多多可以做到用户上一秒的浏览行为影响下一秒的推荐页面，从而实现即时更新的个性化推荐。拼多多的这一举措使其可以类比线上版本的Costco，大数据算法相当于买手，大数据推荐的爆款在用户个性化页面上的点击率非常高。

参考文献

[1]　蔡莉，彭秀青，Satish Nambisan，等，2016.创业生态系统研究回顾与展望.吉林大学社会科学学报（1）: 5-16，187.

[2]　缪沁男，魏江，2022.数字化功能、平台策略与市场绩效的关系研究.科学学研究（7）: 1234-1243.

[3]　魏江，赵雨菡，2021.数字创新生态系统的治理机制.科学学研究（6）: 965-969.

[4]　杨佳铭，魏江，缪沁男，2023.平台主关系断裂情境下价值支持型企业再创业过程研究.南开管理评论（6）: 212-225.

[5]　朱秀梅，杨姗，2022.数字创业生态系统多主体协同机制研究.管理学报（1）: 86-95.

[6]　朱秀梅，杨姗，2022.数字创业生态系统研究述评与展望.外国经济与管理（5）: 48-63.

[7]　Eisenmann T R, Parker G, Van Alstyne M, 2011. Platform envelopment. Strategic Management Journal(12): 1270-1285.

[8]　Gawer A, Cusumano M A, 2008. How companies become platform leaders. MIT Sloan Management Review(2): 28-35.

[9] McIntyre D P, Srinivasan A, Chintakananda A, 2020. The persistence of platforms: The role of network, platform, and complementor attributes. Long Range Planning(5): 101987.

[10] Sussan F, Acs Z J, 2017. The digital entrepreneurial ecosystem. Small Business Economics(1): 55-73.

第 9 章

数字社会创业

社会创业是指个体或组织利用创业的方式来解决社会问题或满足某种社会需求,是推动全球减贫、环境保护、性别平等和教育公平等包容性发展的重要力量。在社会创业实践中,我们不难发现,数字技术正深刻地塑造着创业者识别和开发机会以及利用资源的方式,从根本上塑造着社会创业企业的商业模式和成长路径。如何利用数字技术加快社会创业发展、推动社会创业企业实现价值创造,成为理论和实践亟待解决的问题。

数字社会创业是数字技术与社会创业融合互促的产物。数字技术广泛地影响着社会组织的创建过程,改变着社会问题解决的方式,数字社会创业由此涌现。那么,数字技术如何影响个体和组织识别社会创业机会与利用资源?如何健全和完善数字技术驱动的社会创业生态系统,助力社会创业企业的规模化成长？基于此，本章将在解构数字社会创业内涵与价值创造逻辑的基础上，从社会创业者、公司社会创业和社会创业生态三个层面，揭示数字技术赋能多主体互动以促进社会创业价值实现的过程。

数字技术与社会创业者

数字社会创业内涵

传统社会创业普遍面临的机会转化难度大、资源获取成本高、企业合法性缺失等一系列挑战（Austin et al.，2006），是阻碍社会创业规模化发展的关键因素。数字经济时代，数字技术的快速发展不断丰富着传统创业内涵，重构着创业机会识别与创业资源获取的方式。数字技术与社会创业活动的融合成为企业解决复杂社会问题的重要手段。

数字社会创业的概念是基于社会创业和数字创业的研究与实践提出的，是指以解决复杂社会问题为使命，将数字技术融入社会创业过程，推动社会创业机会、资源、治理和价值测量的数字化，从而更有效地实现经济、社会等混合价值的新型创业活动（刘志阳等，2020）。数字社会创业与社会创业的共通之处在于对社会问题和需求的关注，强调经济、社会和环境的多元价值创造，核心区别在于数字社会创业强调数字技术的融合和赋能，关注数字技术如何整合社会问题并发现新机会、如何构建开放的合作伙伴网络以促进资源获取。数字社会创业与数字创业都强调通过数字技术手段实现价值创造，差异则体现在目的与价值创造逻辑上，前者侧重于解决社会问题并实现社会价值，兼具经济价值，而后者更关注技术带来的新商业机会。

数字社会创业主体

作为数字社会创业的基本组成要素，数字社会创业者是将数字技术与社会创业的特质、意图和动机相融合，致力于社会数字化创新以解决社会问题、满足社会需求并创造社会价值的一类创业者。他们具有显著的数字概念能力、社会创新能力和亲社会特质，是创业机会的发现者和开发者（Kraus et al.，2017）。

数字社会创业者具有强烈的亲社会动机，他们的创业活动专注于社会问题的情景化，关注他人的处境、情感和联系，关注政府和市场失灵时未被满足的社会需求或潜在的长期需求，立足于解决积极外部性社会中被忽视的问题（Austin et al.，2006）。同时，数字技术也从机会识别和创造角度为社会创业者解决问题提供了多元化的思路。一方面，数字技术能够更为精准地识别社会需求，通过数字社会网络的应用，将社会现象的研究过程和干预行为连接起来，为解决社会问题提供了新的机遇。另一方面，数字技术中的数字基础设施和用户是社会创业机会的实验者，数字的规模化在推动社会创业规模化发展的同时也能成为社会需求满足的放大器（Nambisan et al.，2019）。

随着国家乡村振兴战略的深入实施，"大众创业，万众创新"的浪潮在全国范围内掀起，更多的农民加入到了创业大军之中，创业型经济正在逐渐发展成推动我国农村地区经济和社会发展的一股重要力量，大量的市场机遇正在向下延伸，如电商、自媒体、快递驿站、本地跑腿代办中心、本地外卖平台等，以农民为代表的金字塔底层群体成为我国数字社会创业的基础力量。

　　然而，农民群体在创业时往往面临创业主体资源和知识有限、创业领域和创业规模有限、创业起步和发展速度较慢等一系列问题。如何发挥数字技术的优势，保障农民群体在数字社会创业中获得成功是数字经济背景下值得探讨的重要问题。数字技术赋能农民社会创业的路径主要包括：一是促进机会资源智能一体化。数字技术提供了规模化的人才库、众筹系统和智能生态管理系统等多样化的资源，减少了社会创业者由于地理位置的邻近性而面临的资产专用性和空间嵌入性问题，有效提升了社会创业者和平台资源相互作用的精确性，能够帮助解决资源、知识问题。二是扩大社会影响力。数字平台的出现使得社会创业活动更加自愿化、自由化，社会创业不再是专家性的活动，而已成为大众化的行为，有利于降低社会创业活动的交易成本，最大限度发挥农村区域的辐射带动作用。三是解决社会治理问题。传统社会创业的治理问题也是数字社会创业面临的难题之一，但它能够借助数字社会创业的平台作用，协同诸多利益相关者的创造性，赋予其资源利用和技能利用的自由。

数字社会创业价值创造

　　与传统社会创业相比，数字社会创业的独特之处在于充分利用数字技术的可供性、自生长性和跨边界性，快速识别社会机会，高效动员社会资源并实现社会创业快速成长，进而实现社会企业成长和社会影响力的扩散（刘志阳等，2020）。首先，数字技术的可供性为社会创业者提供了开放、通用的基础架构，社会创业者可利用该架构快速识别并准确预测创业机会，提高社会企业的敏感性和灵活性，更加高效地调动未被完全利用的资源，实现社会资源和社会问题的匹配。其次，数字技术的自生长性是社会创业实现规模化成长的关键驱动力，新型社会创业机会和社会创业模式在数字技术的驱动下不断涌现，多样化的创新解决方案为社会创业企业成长提供了保障。再次，数字技术的跨边界性使得社会创业者与其他利益相关者的合作网络边界更加模糊，多主体之间的互动和资源流动得以加强。最后，在数字技术的融入下，社会创业的过程变得愈加透明，有助于社会创业企业合法性的建立和社会影响力的扩散。

数字技术如何推动社会创业机会涌现化、创业机会化和创业资源化，进而塑造社会创业过程？其一，数字技术通过平台汇聚创业者、资源和客户，促使创业机会不断涌现。社会创业强调社会问题和需求，数字技术通过实时数据分析和反馈机制帮助创业者迅速识别新需求和市场机会，使其对社会问题和需求的关注更广泛深入，社会创业机会也随之涌现。其二，大数据和人工智能通过精准分析帮助创业者发掘甚至创造市场需求。社会创业强调解决社会问题和实现多元价值，数字技术可以通过数据分析识别社会问题的根源，社会创业者利用数字技术主动创造需求，实现经济和社会价值的双重创造，推动社会的可持续发展。其三，社会创业注重资源的高效整合和利用，数字平台集中人、资金、信息、数据、技术、客户和供应商资源，并通过技术手段高效匹配需求和供给。例如，众筹平台通过数据分析优化资源配置和业务流程，帮助社会创业者快速筹集资金。这种资源化过程提高了社会资源的利用效率，促进开放合作和资源共享，从而更好地解决复杂的社会问题，实现经济、社会和环境的多元价值。

数字创业聚焦 9-1

老爸评测：数字社会创业的双重价值创造 [①]

老爸评测是一家专注于市售产品专业化调查检测、解决有毒有害产品问题的社会企业，通过跨界结合移动互联网、自媒体、众筹检测、合格产品团购等多方资源，成功以数字技术驱动商业模式创新，在有效解决社会问题的同时创造了可观的经济价值。

老爸评测的创业想法源于创始人魏文锋对女儿使用的包书皮质量的怀疑。2015 年 1 月，以"让天下的孩子们远离有害产品"为使命，魏文锋利用自身的检测背景和能力，通过自费和众筹建立了一个专门为孩子、家长检测的实验室，开启了社会创业之路。然而，仅依靠检测并不能从根本上解决导致有害产品存在的信息不对称问题。家长们在购买产品时往往面临着严重的信息不对称，对于产品质量了解太少，导致生产企业处于有利地位，通过隐瞒信息获取了高额利润。此时，数字技术的跨边界性为解决信息不对称的问题提供了有利工具。魏文锋将产品检测结果在微信公众号、媒体等多个渠道公开，免费提供给消费者，借助于互联网平台巧妙发挥了信息中介的作用。其中，有毒包书皮的曝光推文阅读量达到上百万，相关视频点击量也超百万，浙江卫视、杭州电视台等多家媒体争相报道。老爸评测独立于生产企业、检测机构的第三方身份也得到了大众的认可，合法性随之建立。

在创造社会价值并建立合法性的基础上，老爸评测开始引入商业手段，以解决组织自身生存问题。自 2016 年起，老爸评测建立了老爸商城的微商

[①]　资料来源：苗青，张晓燕，2018."义利并举"何以实现？以社会企业"老爸评测科技有限公司"为例. 吉林大学社会科学学报（2）：104-112。

城和淘宝会员店，销售检测合格的"白名单"产品来获取收入。一方面，因为组织的公益性和社会使命，老爸商城的产品销量不断增加，其交易额也从每月 200 万元不断增长；另一方面，由于老爸评测将不少于 1/4 的利润用于产品检测，支持组织的社会使命，随着收入的增加，其产品检测的范围也不断拓展，使得更多家庭从中受益。在追求双重价值创造的过程中，数字技术的融入不仅有助于老爸评测动员其他资源提供者，例如外部的专业实验室，加入到其创新网络当中，而且使得其能够在与用户的交互中积累支撑商业化发展的信息和数据，在促进社会资源与社会问题匹配的过程中不断创造经济价值。通过在坚持社会使命的基础上引入数字技术并创新商业模式，老爸评测最终实现了社会价值与经济价值的双重价值创造。

公司数字社会创业

公司数字社会创业特征

公司社会创业是从创业、公司创业和社会创业三个领域衍生、发展出来的概念，可被视为公司创业和社会创业的结合体。作为创业的一种具体类型，公司社会创业是指大企业识别和发现市场失灵中的创业机会，用市场化或商业化方式解决社会问题和创造社会价值，孵化社会企业或社会项目的活动（戴维奇，2016）。公司数字社会创业是大企业利用数字技术承担社会责任、解决社会问题的一种方式，数字技术的应用使得公司数字社会创业的价值创造逻辑与传统公司创业存在显著差异（Vial，2019），其价值创造逻辑、主体、资源基础及赋能机制也随之变化。

从行为动机来看,传统社会创业企业强调解决社会问题并创造社会价值,同时能够兼顾经济价值,而公司数字社会创业则希望进行共享价值创造,从而实现数字价值创造和社会责任的统一,是从解决社会问题中发掘为自身创造经济或商业价值的新机会。其中,数字价值是指通过对数据技术、数据资源等的综合运用,来驱动企业在设计、研发、生产、运营、管理等价值创造的各个环节发生变化。通过与价值生态圈中的用户、供应商、服务商等利益相关者进行合作,共同创造出价值,企业可以利用已有的核心能力,或者开发出新的能力,来满足用户的需要,从而获得可持续的竞争优势。

从价值创造资源的角度来看,在工业时代,传统的劳动力、土地、资本、知识、技术、管理等要素都是企业价值创造、获取竞争优势的重要战略资源。数字技术的应用改变了传统价值创造的资源基础,丰富、共享、动态的数据资源可以以新的资源编排方式,打造出全新的价值创造模式,进而成为企业新的重要战略资源(肖静华,2020)。因此,在公司数字社会创业的过程中,数字资源是企业创新商业模式并建立竞争优势的关键驱动力,数字资源的模块化、开放性、可供性和自生长性等特征为社会创业者利用数字资源创造价值提供了支撑。

从价值创造的过程来看,在公司数字社会创业模式下,价值共创的领域向更大的生态系统转移,通过构建由客户、员工、供应商等利益相关者和其他价值提供者组成的社会创业生态系统,协同满足多主体之间的共通性、整合性需求,高效且可持续地解决社会问题(刘志阳和金仁旻,2015)。当然,传统社会企业同样也需要建立复杂的合作关系网络,但不同于公司数字社会创业利用数字技术连接价值提供者并构建社会创业生态的逻辑，传统企业合作伙伴之间的关系通常建立在共同的愿景或互补性的资源上。

公司数字社会创业模式

Austin and Reficco（2009）归纳出了公司社会创业的五大核心要素，即创造有利环境、培养内部社会创业者、拓展企业宗旨和价值观、建立战略联盟、创造双重价值，它们支撑着公司社会创业项目的成长过程。在社会创业机会识别阶段，企业内创企业对社会创业机遇的发现与捕捉是企业创新与组织变革的驱动力。在创业资源获取阶段，企业应对外部资源进行有效的调配与使用，并通过构建战略联盟实现资源共享，从而实现价值的最大化。在项目成长的过程中，企业需要将其社会效益和经济效益结合起来，创造出双倍的价值，同时还需要良好的组织环境与价值观念。

这五大核心要素同样适用于公司数字社会创业过程，在当前数字经济快速发展的大背景下，传统的生态要素对经济增长的贡献率逐渐降低，数据和知识等新型生产要素的作用日渐突出，数字技术已经成为我国经济高质量发展的主要动力之一。大企业可以充分发挥数字经济背景下的优势，把握和利用数字技术，以提高创业成功的可能性。其一，数字技术促进了信息和知识在企业内的传播，缓解了信息不对称的矛盾；其二，数字技术拓展了创业者资源获取渠道，解决了融资难的问题；其三，数字技术能够带动区域特色产业集群的发展，从而解决区域发展不平衡的问题。

以传化集团为例，它针对深度贫困地区的医疗难题，打造了一种全新的健康扶贫模式，通过数字技术的赋能，实现对贫困地区医疗服务的全面升级，有效缓解了贫困人口"看病难"、"村医"技能匮乏等困扰着贫困村的社会难题。安心医家平台将乡村医生与乡村医生连接起来，打破地域差异带来的信息不对称，使乡村医生能够突破地域资源、知识限制，极大地提升了医疗扶贫工作的效能。传化集团在医疗扶贫方面，除了利用数字技术，还利用自己的行业优势，推出了首个面向贫困货车司机的"安心驿站"公益项目，通过"互联网＋"的方式，实现了货车司机之间的相互帮助；建立了一个智慧的物流平台，有效地打通了中西部地区的"最后一公里"的物流通道。2021 年，输送的农产品达到了 2000 万吨，为当地提供了 200 多万个就业岗位。[1]

再以腾讯为例，自 2019 年提出"用户为本，科技向善"的公司使命以来，整个公司都在积极寻找创造社会价值的创业机会，其中，天籁实验室瞄准了助听器市场，决定将支持腾讯会议的天籁音频 AI 技术对外开放，助力改善对听障人群的服务。2020 年，天籁实验室牵头在国内发起"天籁行动"，面向听障领域的开发者、厂商及合作伙伴开放技术，联合众多公益生态伙伴，帮助听障人群更好融入社会。2020 年，天籁实验室与国内企业诺尔康合作，将腾讯的技术集成到诺尔康的 APP，帮助诺尔康的人工耳蜗进行场景识别，用户反馈非常好。天籁实验室又与奥地利美笛乐公司合作，把类似技术用于美笛乐美讯听宝。2021 年，天籁实验室进一步与人工耳蜗行业中的其他公司展开合作，其中包括头部企业科利耳，还帮助联通做了听障患者的线上筛查测评（朱沆等，2023）。

---

[1]　资料来源：https://caijing.chinadaily.com.cn/a/202103/01/WS603c81bfa3101e7ce974175e.html。

数字创业聚焦 9-2

字节跳动：数字技术驱动公司社会创业①

字节跳动是一家正在快速崛起的移动互联网高科技企业，它的愿景是成为全球创作与交流平台，将图文与视频内容创作者、内容消费者与广告商家等联系起来，将人工智能与大数据等数字技术应用于帮助用户创造内容并进行智能分发。作为全球领先的科技公司，字节跳动通过数字技术和平台的创新应用，在社会创业领域取得了显著成就。

字节跳动利用其先进的人工智能、大数据和算法推荐技术，成功地推动了扶贫项目的发展。通过其平台，如今日头条和抖音，字节跳动能够高效地将扶贫信息传播给数亿用户，并通过精准的内容推荐算法，提高用户对扶贫项目的关注和参与度。例如，通过"山货上头条"和"山里 DOU 是好风光"等项目，字节跳动帮助贫困地区销售特色农产品和推广旅游资源，实现了经济效益和社会效益的双赢。2020 年，字节跳动共推出了 3000 多场直播，帮助销售了超过 10 万件农产品，总销售额超过 1 亿元。而投身扶贫本身也会涉及中国广大的农村市场，里面蕴藏着巨大的商业潜力，有助于字节跳动以社会价值为牵引的新机会探索。

数字技术重塑公司社会创业机会。传统的扶贫方式往往受到时间和空间的限制，而字节跳动利用其数字平台打破了这些限制，以创新的方式开展扶贫工作。例如：在"山货上头条"项目中，字节跳动通过短视频和直播等形式，帮助贫困地区的农产品直接面对消费者，实现了从田间到餐桌的无缝对接；"山里 DOU 是好风光"项目在 2020 年共推出了 2000 多条短视

---

① 资料来源：邢小强，汤新慧，王珏，等，2021. 数字平台履责与共享价值创造——基于字节跳动扶贫的案例研究. 管理世界（12）：152-176。

频，吸引了超过 1 亿次播放，带动了超过 50 万人次的旅游消费，带来了超过 5 亿元的收入。这种创业机会的识别不仅依赖于字节跳动对市场需求的敏锐洞察，还依托于其强大的数字技术支持。

数字技术集聚公司社会创业资源。围绕社会创业机会，字节跳动利用数字技术汇聚多样化资源，驱动公司社会创业活动的要素资源化。字节跳动的数字平台拥有庞大的用户群体，这些用户不仅是潜在的消费者，也是扶贫项目的宣传者和支持者，是公司社会创业的宝贵资源。通过用户在线互动和分享，扶贫信息能够快速扩散，形成强大的社会影响力。例如，字节跳动的"扶贫达人"计划旨在通过对贫困地区的农民进行培训，使其掌握新媒体运营技能。在贵州省，字节跳动将超过 1000 名农民培养成为内容创作者。这些创作者通过平台发布内容，推广当地的农产品和旅游资源，实现了显著的经济效益。通过这些培训，字节跳动不仅提高了农民的技能水平，还帮助他们获得了新的收入来源。此外，字节跳动利用大数据技术，对平台上的用户行为进行深度分析，为扶贫项目提供精准的市场定位和策略支持。例如，通过分析用户的浏览和购买行为，字节跳动能够为不同地区的扶贫产品设计最有效的推广方案，提高了资源的利用效率。

数字社会创业生态系统

数字社会创业生态系统特征

生态系统（ecosystem）这一概念源自生态学，指在特定时间、空间内，各生物及生物与环境之间，通过能量流动与物质流动的相互作用，所形成的统一整体，具有系统性、整体性优势。社会创业生态系统是由社会企业、政府部门、非营利组织等机构组成，在社会创业环境的支持下，在社会价值导向、互利共生共赢的原则下形成的一种相互依存、相互影响的动态平衡系统。这一生态系统的成员众多，可分为两大类：一类是直接主体，即社会创业活动的主要执行者，拥有选择、控制和领导生态内参与企业的能力；另一类是间接主体，包括其他相关企业、非营利组织、政府部门、社交媒体、科研院校、中介服务机构等，对全社会的创业环境起着支撑作用，既是社会创业生态形成和演变的土壤，又是创业支持要素的提供者。在生态构建方式上，社会创业生态系统以合作共生为基础、以资源互补为手段；在生态构建导向上，社会创业生态系统以解决社会问题为核心，并向人们提供公益服务的社会创新体系，其中每一个要素都可以通过不断联结、互动而完成自进化。

数字社会创业生态系统指的是运用数字技术，让人与人、物与物、人与物实现互联互通，并以利益相关者所构建的价值网为基础，实现价值共创及共享的模式。按照发起人的不同，数字社会创业生态系统可划分为平台企业发起和政府发起两种类型。平台企业发起的数字社会创业生态系统，主要利用平台所搭建的数字基础设施，让创业者或农民参与到社会创业活动之中，包括但不限于帮助农民利用电子商务平台进行产品销售、帮助某产业集群将传统产品甚至非当地产品在线化、帮助部分农民能人成为网红直播达人等。政府发起的数字社会创业生态系统，一般由地方政府建立与创业有关的数字基础设施，并出台政策来鼓励地方居民参与到社会的创业活动中来。然而，不管是何种形式的社会创业生态系统，都离不开平台企业等核心主体的参与，并充分发挥其规模、范围和速度的优势，提供良好的创业基础设施和支持环境。

数字社会创业生态系统是社会创业生态系统和数字生态系统的融合。借助数字技术的渗透性、可供性等优势，以及平台模式具有的双边架构、网络效应等特征，数字社会创业生态系统能够跨越多个市场领域，吸引多类支持型企业，构建丰富的社会创业生态系统，从而帮助 BOP 群体实现减贫增收，并进一步协助解决社会问题。可以说，在数字经济的背景下，由平台企业主导的创业生态系统，是为居民提供收入、解决贫困等社会问题的一条重要途径。尤其是，由大型电商平台企业建立并主导的创业生态系统，能够为更多受到创业门槛限制的个体创业者提供大量的创业机会，并给予大量的创业资源，从而突破创业的社会结构性瓶颈。

数字社会创业生态系统的模式

数字社会创业生态系统以数字技术为基础，通过设计新型的商业模式和创新模式，为创业者提供了更多的创业机会，使他们能够参与到整个创业生态体系中，共享生态共创价值。换言之，平台企业可以利用数字技术和数字平台，在产品创新或商业模式创新的基础上，实现为全社会创业者提供服务的目标。

以下是数字社会创业生态系统为创业者提供的几种模式思路。

一是"平台＋微粒"赋能个体创业能力。"平台＋微粒"是一种以平台为载体，以基层个人为对象，通过构建基本的数字创业环境，赋予个人柔性创业能力的一种新模式。在这种模式下，政府可以重点引进电商平台、创业平台等企业，让基层群体加入平台，借助平台的基础设施，解决产品销路问题、创业动能问题等。在引入平台企业之后，政府可以对线上销售渠道进行拓展，通过简单、方便、透明的交易方式，让商品享受到同等待遇，也让创业者在市场交易中获得最大的收益。同时，这种新型的数字社会创业生态系统也能够有效地解决非正式创业的资质难题，有效地激发民间创业主体的积极性。例如，浙江宁海的数字赋能平台"艺起富"，设有"云上驻村""智慧导览""业态商户"三个模块。该平台通过与宁海下属的不同村落捆绑，有效连接了当地资源与外界需求，外地游客通过手机就能了解到宁海的游玩项目、民宿、农家乐等，并在线预订服务，提高乡村文化活动的品牌溢价和经营性收入，让村民在家门口就能实现创业。

二是互联网企业组团"下乡"输送创业基础设施。互联网公司深入农村，为落后地区带来了新技术模式和先进的市场信息，让新的商业模式与传统行业良好融合，成为乡村振兴的加速器。例如，浙江最大的互联网公司阿里巴巴，在2021年9月2日发布了阿里巴巴"共富"十大计划，并宣称到2025年，将会在全国范围内投资1000亿美元。另外，腾讯于同年8月4日宣布，将投资500亿元用于支持"可持续的社会价值创新"计划，该计划将重点放在基础医疗系统，以及低收入者的教育公平上。

三是互联网企业集体"下乡"行为的带动作用，主要表现为对农村市场的培训和对技术的输出。一方面，互联网公司拥有丰富的科技知识和人力资源，能够为乡村地区的科技普及型人才提供一套完善的教育系统，对乡村地区的科技普及型人才进行重点关注，尤其是乡村地区的中职生，并对其兴趣、技能等方面的发展做出相应的规划。另一方面，通过"送技术下乡"方式，互联网公司为农村地区提供技术保障、技术培训和技术支持，为农村地区提供更加强大的技术人才支持。

淘宝村是以数字技术驱动社会创业生态构建的典型案例。淘宝村是农村电商区域性集聚现象的反映，需满足两个标准：一是村域内活跃的淘宝网店累计有 100 家以上，或者这些网店数量占该地家庭户数比例达到 10% 以上。二是全村在电子商务领域的年交易额能达到 1000 万元。淘宝村从 2009 年的 3 个淘宝村，到 2021 年的 7023 个，已经覆盖 28 个省（区、市）。2020 年，阿里巴巴带动发展 5425 个淘宝村、1756 个淘宝镇，带动 11 万名农民主播开展近 330 万场助农直播，惠及近 100 万名老乡。经过十多年的发展，淘宝村为农村、农民、农业领域创造了五大价值：促进传统三大产业的紧密结合，为农村发展指引新方向；将数据融入生产要素，产生新的生产力；联动和协同各方降低搜索成本、交易成本，提高匹配效率；推动农民就业创业，解决农村就业问题；利用数字技术给农村带来巨大的经济效益和社会效益。

数字创业聚焦 9-3

微脉：技术信任驱动医疗健康服务新生态构建 [①]

在"互联网＋技术"与医疗深度融合的背景下，致力于"让医疗健康服务不再难"的 AI 数字疗法全病程管理服务平台——微脉于 2015 年 9 月应运而生。创始人裘加林深知医疗信息服务行业面临巨大挑战，尤其是互联网医疗领域需要突破医患信任困境。微脉以"让医疗健康服务不再难"为使命，以城市为单位，连接当地医疗健康资源，构建城市级医疗健康大数据平台，为百姓提供本地一站式医疗健康服务平台。那么，微脉是如何利用数字技术构建医疗健康服务新生态的？

[①]　资料来源：刘嘉玲，魏江，郭艳婷，2023. 微脉："互联网+信任医疗"赛道的领航员. 清华管理评论（4）：118-124。

第一，基于数字技术的信任医疗。微脉通过数字技术构建信任基础，促成医生、患者等多方参与者之间的信任关系。微脉利用城市信用体系，打造城市级信用就医平台，采用"信用就医、无感支付"的结算方式，实现"先诊疗、后付费"。同时，通过 AI 虚拟医生助手的智能随访，微脉把医患信任联结沉淀到线上，形成信任单元，使本地百姓可随时与本地所信任的专家实现在线互动。这种基于技术的信任体系为医疗服务的高效和便捷提供了保障，构建了医患之间的信任基础。

第二，基于信任关系的开放共赢。微脉利用数字技术和信任关系，突破医疗行业相对封闭的现状，整合碎片化资源，实现合作共赢。微脉坚持与公立医院合作，打造基于服务等级协议（SLA）的信任医疗增量服务体系，以满足患者多层次多样化的医疗服务需求，并合理增加医护服务性收入。通过大数据、云计算、AI 等技术，微脉实现了医疗服务的深度融合，促进了医疗资源的共享和高效利用，推动了医疗服务的创新和升级。

第三，基于开放生态的价值创造。在开放共赢的合作关系基础上，微脉创造了显著的经济价值与社会价值，构建了医疗服务新生态。微脉打造了多个本地化医疗服务平台，如襄阳市中心医院互联网医院、区域医联体互联网医疗平台等，为本地居民提供视频网络问诊、电子处方、在线药房等服务。通过这些平台，微脉不仅改善了医疗服务体验，还提升了医院的服务能力和运营效率。微脉的信任医疗模式已在多个城市成功落地，累计服务超过 10 亿人次，逐步形成了"人人都有健康档案，家家都有家庭医生，城城都有网络医院"的医疗健康服务新生态。

参考文献

[1]　戴维奇，2016.理解"公司社会创业"：构念定位、研究梳理与研究议程.科学学与科学技术管理（4）：35-44.

[2]　刘志阳，金仁旻，2015.社会企业的商业模式：一个基于价值的分析框架.学术月刊（3）：100-108.

[3]　刘志阳，赵陈芳，李斌，2020.数字社会创业：理论框架与研究展望.外国经济与管理（4）：3-17.

[4]　肖静华，2020.企业跨体系数字化转型与管理适应性变革.改革（4）：37-49.

[5]　朱沆，郭陈韵，周翔，等，2023.腾讯天籁助听器：大公司为何硬磕难啃的小生意.清华管理评论（12）：104-111.

[6]　Austin J E, Reficco E, 2009. Corporate Social Entrepreneurship. Boston: Harvard Business School.

[7]　Austin J, Stevenson H, Wei-Skillern J, 2006. Social and commercial entrepreneurship: Same, different, or both? Entrepreneurship Theory and Practice(1): 1-22.

[8]　Kraus S, Niemand T, Halberstadt J, et al, 2017. Social entrepreneurship orientation: development of a measurement scale. International Journal of Entrepreneurial Behaviour and Research(23): 1-34.

[9]　Nambisan S, Lyytinen K, Majchrzak A, et al, 2019. The digital transformation of innovation and entrepreneurship: Progress, challenges and key themes. Research Policy(8): 103773.

[10] Vial G, 2019. Understanding digital transformation. Journal of Strategic Information Systems(2): 118-144.

第 10 章

数字创业研究展望

本章从技术、组织、情境三个维度展望数字创业的未来研究。技术维聚焦数字创业的技术机理，包括数字赋能创业和数字驱动创业。组织维度聚焦数字创业的组织基础，包括数字创业的个体行为和数字创业的组织变革。情境维度聚焦数字创业与情境变迁，包括数字创业与生态系统演化、数字创业与产业制度变迁。

数字创业的技术机理

数字创业是在数字技术或者数字商业模式驱动下的新兴创业行为。数字创业的技术机理包含采用既有的数字技术或数字商业模式去赋能传统商业的创业，即数字赋能创业，也包含了基于数字资源和数字技术创新创造出新的数字技术和数字商业模式而实施的创业，即数字技术驱动创业。

数字赋能创业

数字技术已经成为推动社会进步和经济发展的重要力量，不仅为创业者提供了诸多创业机会，也大幅提高了创业的效率和成功率。数字赋能创业是创业企业面向传统业务，采用既有数字技术和 / 或数字商业模式对其进行变革和创新的创业。数字赋能创业所涉的动力机制、赋能机制、赋能结果等，都还存在诸多可拓展的探究空间。

首先，**数字赋能创业的动力机制**。数字赋能创业是企业借助数字技术基于对传统产业及企业经营进行变革和创新的创业，这个过程的影响因素不仅包括数字技术供给情况（如创业企业所处区域的数字技术供应商集聚情况、区域数字化人才的供给情况等），还有创业企业自身的禀赋因素（比如其数字技术能力禀赋、适切转型的组织文化与组织架构等），以及宏观经济和制度情境的因素（例如地方政府对数字化改革的支持力度等）。那么，这些影响因素中，是否存在促进数字赋能创业的主要影响因素，抑或是影响因素组态？具体而言，这些因素又是如何促进数字赋能创业的？诸如此类，都值得深入探究。

其次，**数字技术对创业过程各环节的赋能机制**。从市场调研、产品开发、营销推广到客户服务，每一个环节都可以采用数字技术进行优化和创新。例如：利用大数据技术进行精准的市场分析，帮助创业者把握市场趋势和消费者需求；通过云计算和人工智能技术实现产品的快速迭代和优化，提升用户体验；利用社交媒体和短视频平台进行高效的营销推广，提高品牌知名度。那么，如何识别出具体哪些环节具备数字赋能创业的潜力？这些数字赋能创业机会将如何被开发出来？创业企业又如何借助数字技术去利用好这些创业机会以实现创业成功？这些问题都值得深入探究。

再次，**数字技术对传统产业转型升级的赋能机制**。数字技术的运用往往能够为传统产业和产业企业带来效率的大幅提升，这使得几乎所有传统产业及其中的企业都在积极拥抱数字化。数字化转型升级也就成了数字赋能创业的重要目标之一，已有研究就数字赋能产品创新、商业模式创新、流程创新和组织创新相关的创业问题展开了充分探讨。然而，在国家数实融合战略背景下，数字技术如何与传统产业企业面向数字化转型升级的创业业务模式、管理模式和服务模式进行深度融合，推动产业的深刻变革，塑造全新的产业业态和产业格局，其中的融合机制尤其值得探究。

最后，**数字赋能创业的社会影响**。数字赋能创业提高了企业、产业的创新绩效和财务绩效，这是现有关于数字赋能创业研究的主要结果变量。然而，数字赋能创业本身也对宏观社会产生了深远影响，例如：数字赋能创业提供了新的就业机会和创业机会；数字赋能创业推动了创新，促进了科技的进步和应用；数字赋能创业还提高了人们的生活质量，提供了更加便捷、高效的服务。总之，数字赋能创业的社会影响值得更多关注，就如何发挥数字赋能创业的积极作用展开探讨，有助于促进社会的和谐发展。

数字驱动创业

不同于数字赋能创业，数字驱动创业是基于数据资源或数字技术进行新数字技术和 / 或数字商业模式创新而启动的创业，主要是数字原生企业（born digital firms）或数字次生企业（secondary digital firm）的创业行为。

数字情境中的创业实践已经涌现出了诸多数字驱动创业的现象，也带来了诸多有待深入探究的创业理论问题。

首先，**基于数据资源的数字驱动创业**。原始数据（raw data）并不具备价值，故而创业企业在利用数据资源开展创业活动之前，需要完成大量的准备工作，包括数据收集之前要决定去收集哪些数据、这些数据的数据结构应该如何设计，数据收集完成之后的清洗、存储、传输，以及后续运用时的共享机制和激励机制等。加之，数据本身存在同质性（homogeneity），而针对数据加工处理的数字技术又存在可重复编程性和可供性特征（Yoo et al.，2012），这使得基于数据资源的数字创业过程尤为复杂，自然也就蕴含了诸多极具探讨价值的理论问题。总之，现实正呼吁能够指导数据价值释放的数字创业理论。

其次，**基于数字技术和数字商业模式的数字驱动创业**。基于数字技术创新（digital technology innovation）和数字商业模式创新（digital business model innovation）的数字创业是另一类重要的数字驱动创业，然而，数字技术创新和数字商业模式创新并不同于传统意义的技术创新和商业模式创新。比如，因为数字平台的强大连接能力，创业企业在开创基于数字平台的商业业务时，其控制机制、治理模式、激励机制等设计就要考虑更大规模的参与者。同时，由于创新驱动创业是包含创新创造和创新商业化的整个过程，数字技术和数字商业模式创新也只阐释了数字驱动创业的前半段，而数字技术创新和数字商业模式创新如何驱动创业？这个过程又会受到哪些因素的影响，作用机制为何？凡此种种，都有待未来的探究。

最后，**基于数字场景的创业机会识别、开发和利用**。过往的创业研究认为，创业机会来源于市场需求（包括新的问题和新的市场变化）、创造发明、竞争、新知识和新技术的产生。新兴数字技术引致数字场景中涌现的创业机会与传统来源的创业机会有何种不同，比如元宇宙、AR、VR、在线社区等催生的新创业机会？另外，创业企业是否还能遵照经典的创业理论对数字场景中的创业机会进行识别、开发和利用，比如数字技术是否会改变创业过程中关键要素（创业机会、资源、团队等）之间的互动，具体的影响机制又为何？

数字创业的组织基础

数字创业作为一种新的创业形式，其微观组织基础还有待深入且系统的探究。为此，本书尝试从个体行为和组织变革两个方面展开讨论，以期为后续相关研究探讨数字创业的个体行为与组织基础以及它们的演变规律提供启示。其中个体行为关注大企业、小企业和个体／团队组织的数字创业行为，组织变革关注数字创业组织变革的动力、内容和过程。

数字创业的个体行为

究竟是谁在开展数字创业？或者换言之，谁能开展数字创业？部分学者认为数字创业是数字新创企业的建立和成长（Guthrie，2014），也有学者指出，在位企业的数字化转型也应当被视为数字创业的组成部分（郭海和杨主恩，2021）。显然，在位大企业与创业企业、个人与团队的数字创业行为会因自身禀赋和特征差异而不同。

首先，大企业数字创业。大企业数字创业是在既有业务的基础上开辟数字业务的过程，可能是利用既有数字技术和数字商业模式去赋能原有业务的变革，也可能是依托原有业务的数字优势（如沉淀的大量内部运营数据、采购数据、销售数据等）创建新组织来开创数字业务。无论是哪种数字创业，大企业的数字创业行为探讨都避不开组织惰性问题，包括资源惰性、惯例惰性和路径惰性等。大企业如何突破组织惰性以开创数字创业业务？如何平衡对数字业务与原有业务的投入？针对这些问题，在大企业数字创业过程中，传统研究提出的战略双元、组织双元、创新双元等双元行为是否仍旧奏效？数字技术会如何改变大企业的具体双元行为？这些都是值得深究的。关于大企业的数字创业实践，部分企业在开创数字业务时，更倾向于采取激烈的变革行为来应对大企业病问题，而非选择隔离矛盾的柔和性双元行动，比如阿里巴巴、华为、海尔等会根据自身在数字情境下的战略更新需要，实时地调整自身组织。另外，一些比较传统的大企业仍会选择双元组织的策略来开展数字创业，比如三一重工选择单独成立树根互联公司来开创和运营数字平台业务，卧龙电机选择投资成立舜云互联公司来开创和运营产业互联网平台业务。大企业数字创业的未来研究也需要去关注此种差异产生的原因。

其次，小企业数字创业。区别于大企业的创业挑战来源于其自身规模劣势和新进劣势（liability of smallness and newness），其通常反映为资源匮乏和合法性不足。已有部分研究开始探究小企业数字创业的行为变化，比如创业企业因为获得平台生态系统的资源赋能，摆脱了初创企业的资源限制，从而跳过了创业早期的资源拼凑阶段，可以直接根据自身战略进行资源编排（魏江等，2023）。又比如，创业企业在开创数字业务时，得益于数字商业模式创新，能够执行原本只能由大企业采取的创业行为，比如构建产业平台生态系统。此外，创业企业在数字创业过程中，不仅会遇到新创业务的合法性挑战，还会遭遇自身身份的合法性挑战。创业企业可以通过数字商业模式的创新，快速将其数字业务推向市场实现创新扩散，同时选择利基市场来实现对消费者期望的管理，有效规避作为创业企业的身份合法性挑战（Su et al.，2023）。然而，创业企业的数字创业行为涵盖了其外部关联、内部治理以及内外部协同相关的诸多话题，数字技术在其中到底如何影响其突破规模劣势和新进劣势，现有研究仍旧存在诸多值得拓展的地方。

最后，**个人数字创业**。个人创业是创业者个人或联合几人组成创业团队进行创业的活动，是相对于公司创业的概念。以往关于个人创业的讨论相对有限，原因可能是个人创业的难度更高、成功概率更低。但在数字情境中，个人创业不再局限于拥有强大资金、掌握核心技术、回应典型需求创意、占有丰富社会资源等的独特个人。数字平台的出现，使得越来越多的个人及其联合组成的团队通过作为平台的微粒组织，借助平台开展数字创业活动。比如直播平台上，有千千万万的网红个人通过直播带货等方式进行创业，取得了个人数字创业成功。内容平台上，大量具备专业知识的个体通过生活类视频创作、网络视频剪辑、专业知识科普等方式进行创业，也实现了个人数字创业成功，类似的个人数字创业例子还有很多。个人数字创业已经成为极重要的创业实践，其所创造的社会财富、带来的社会就业等都不容忽视。那么，在个人数字创业中，创业行为的创业意愿和创业过程是否发生了改变，个人数字创业的行为特征、创业类型、机会识别、商业计划等是否与传统情境的一致？这都亟须展开深入的探究。

数字创业的组织变革

组织变革是组织为适应环境变化而进行一系列的调整和更新，以确保组织目标的达成（Van de Ven and Poole，1995）。数字创业是基于数字技术和数字商业模式创新的创业活动，因为数字技术和数字商业模式创新的独特性，数字新创企业的组织变革和在位企业的组织变革都将涌现出与以往非数字创业组织变革不同的情况和特征。

首先，**数字创业的组织变革动力**。组织变革的动力来源讨论一直存在环境引致论与组织策略论的讨论。环境引致论认为是外部环境的变化（制度、技术、市场等）引发了企业组织变革（Hage，1999），而组织策略论则认为是组织内部实践与绩效互动的结果引发了企业的组织变革（Feldman and Pentland，2003）。那么，数字创业的组织变革究竟是外部环境引致的还是内部组织引致的？抑或者，是外部环境因素还是内部组织因素的影响更大一些？诸多数字创业实践已经表明，组织变革动力来源取决于企业数字创业是前瞻性的还是响应性的。前瞻性的数字创业是聚焦于内部组织的主动性策略行动——数字创业企业制定适切自身禀赋的数字创业行动，引领组织进行主动性变革。而响应性的数字创业则是聚焦于外部变化的被动性响应行动——数字创业企业制定适切外部变化的数字创业行动，倒逼组织进行适应性调整。但是，无论是前瞻性数字创业还是响应性数字创业的组织变革，其背后的动力机制，以及不同动力来源的比较分析等，都值得深入探究。

其次，**数字创业的组织变革内容**。关于组织变革的内容，以往研究涵盖了组织结构、流程、人员、业务、运营等各个方面，包括组织结构调整、工作流程优化、员工技能与素养提升、技术研发与工艺创新等（Friedlander and Brown，1974），这些调整涉及个体、群体和组织三个层次的不同变革，并且相互之间还存在复杂的互动关联（Burke，2002）。数字创业的组织变革内容是否超越了以往研究所界定的范畴？比如开创产业互联网平台的数字创业活动，其组织结构的调整就包含了开放式数字平台架构的建设。平台型组织是一种新兴组织形态，其构建内容必然与传统层级组织、矩阵组织、混搭组织等经典组织形态不完全一致。另外，数字创业组织变革是否存在时序问题，即数字创业的组织变革是从哪些具体环节或者模块开始启动的，前置的变革又以何种具体方式和路径影响后续内容的调整，不同模块之间的调整以怎样的组合能够促成成功的组织变革？这些问题都值得探究。

最后，数字创业的组织变革过程。"解冻—变革—再冻结"三阶段论是组织变革过程的经典（Lewin，1939），其描述了组织重新设置变革动机，感召组织成员改变旧工作模式与态度，并通过学习帮助企业形成新的行动模式，最终依赖必要手段和工具将此种态度与行为模式固定下来的过程。数字创业的组织变革过程是否还将遵循该经典过程，在具体的变革阶段，数字技术又将如何影响其具体的变革策略？此外，关于组织变革过程的研究已经探讨了诸多组织变革类型，包括递增式变革与突变式变革、计划型变革与非计划型变革、显形变革与隐形变革、规定性变革与建设性变革、持续变革与间断变革，等等。那么，根据数字创业新实践的组织变革过程是否能够总结出新的组织变革类型，其具体又有哪些特征？诸此，都极具探讨意义。

数字创业与情境变迁

外部宏观情境变化能够触发企业的数字创业，反过来，企业数字创业行动也能对宏观情境产生影响。本部分拟从生态系统和产业制度两个方面，展开数字创业与宏观情境的互动关系在未来可探讨的议题。生态系统方面，聚焦于创业生态系统演变如何催生数字创业，以及数字创业如何推动创业生态系统演化。产业制度方面，关注产业制度调整如何触发数字创业，以及数字创业如何推动宏观产业制度变迁。

数字创业与生态系统演化

创业生态系统的演变为数字创业提供了新的机会，数字创业反过来也同样推进了创业生态系统的演化发展，这两个相反的作用过程中隐含了大量未来可探讨的研究问题。

第一，创业生态系统演变催生数字创业。在信息技术和数字技术的嵌入影响下，创业生态系统从早期强调特定区域内相互作用的主体通过支持、促进企业的创建和成长来实现可持续发展以及创造社会与经济价值（Cohen，2006），演变成了强调数字基础设施治理、数字用户、数字创业机会及数字市场四大要素的交互系统（Sussan and Acs，2017；Song，2019）。在该演变过程中，数字平台的出现为数字创业提供了新的平台和基础设施，创造了新的创业情境和机会（Kretschmer et al.，2022）。原有创业生态系统的地域性限制被打破，企业和个体可以通过数字创业生态系统在全球范围内获得更为广泛和多样的创业机会与资源。同时，创业生态系统本身的演变也催生了新的创业形式，不再拘泥于传统线下创业的线上创业以及线上与线下相结合的数字创业得以出现（Nambisan and Baron，2021）。但是，创业生态系统的宏观演变是通过何种路径对其中的数字创业活动产生作用的？比如：创业生态系统影响数字创业的关键要素为何？此种关键要素怎样的变化将会以何种方式改变数字创业所涉各主体之间的关系与结构？对于上述问题，现有理论尚未予以充分阐释。

第二，**数字创业推动创业生态系统演化**。数字创业对创业生态系统的演化发展有两个层面的影响。一方面，数字创业通过开展基于数字技术创新和数字商业模式创新的创业活动，赋予和拓展了创业生态系统的新内涵。另一方面，企业的数字技术创新和数字商业模式创新需要建构在一定的数字基础设施之上，包括 5G/6G、未来网络等网络基础设施，数字平台、大数据、云计算、IoT 等信息服务基础设施，以及超级计算中心等支撑类基础设施，这些新型数字基础设施将重塑创业生态系统的底层架构和内部运行逻辑。但是，从学理层面来看，数字创业对创业生态系统的详细影响机制和边界究竟为何？比如：数字创业企业应该在何种战略发展阶段实施平台包络策略，具体又应根据何依据采取平台用户包络还是平台技术包络来实现业务拓展？这些都是十分值得未来研究深入探讨的。

数字创业与产业制度变迁

产业制度变迁是数字创业的另一重要情境问题，与创业生态系统不同，产业制度是特定国家和区域针对某个产业的制度安排，是政府引导产业发展方向、推动产业结构升级、协调国家产业结构、使国民经济可持续发展的政策制度。现有的研究已经表明，产业制度的调整会触发场域中的创业活动。反过来，某个确定场域中的创业活动也有可能会创造出新的产业制度或者推动原有产业制度的变迁。

第一，产业制度调整催生数字创业。产业制度调整包括更新既有制度以及出台新的制度，这两种调整都会导向新的产业方向，会为产业企业的创新创业创造机会，同时也将导向新的产业资源聚集，为产业企业的创新创业提供资源支撑。在当前的数字情境下，中央和地方就数字技术赋能产业转型升级的制度调整，包括"工业4.0"、数实融合、数字化改造、智能装备升级等，都为企业提供了广阔的数字创业空间和强有力的资源支持，比如数字原生企业进行数字技术和数字商业模式的创新，为市场提供数字化产品和服务，又比如数字次生企业基于客户提供的数据资源或根据客户需求提供的专业化数据服务（数据合规、云计算、数据清洗等）。那么，数字创业企业要怎样识别产业制度调整催生出的创业机会？又要怎样创造性地整合产业制度调整带来的资源汇集，实现创业成功？为什么有的企业能够有效地利用产业制度调整带来的数字创业机会和资源实现创业成功，而有的企业却不能，甚至将产业制度调整视为制度压力？这些议题作为数字经济高质量发展的必答题，都极具探讨的意义和价值。

第二，数字制度创业推动产业制度变迁。制度创业是阐释微观组织如何通过创业行动改变宏观制度的理论概念。已有关于制度创业动因的研究存在制度理论学派和制度经济学派的区别，制度理论学派认为场域中的制度矛盾是制度创业的原因（Seo and Creed，2002），而制度经济学派则认为场域中的行动主体洞察到改变旧制度能够为其带来足够的经济收益是其启动制度创业的原因（Misangyi et al.，2008）。那么，数字制度创业的动因是场域的制度矛盾，还是场域中行动主体受改变制度而可能带来可观的经济收益？制度创业的过程本身还受到外部宏观制度的稳定状态（新兴经济体的动荡制度情境或发达经济体的稳定制度情境）和场域本身成熟度（新兴场域或成熟场域）的影响（Maguire et al., 2004; David et al., 2013）。那么，数字制度创业的过程是否还遵循经典震荡、去制度化、前制度化、理论化、扩散化和加强制度化的六阶段模型？同时，在中国特色社会主义经济制度体系中，数字制度创业是自下而上还是自上而下的过程，还是这两种情形都会存在，又有何区别？这些问题都有待探讨。

参考文献

[1]　郭海，杨主恩，2021.从数字技术到数字创业：内涵、特征与内在联系.外国经济与管理（9）: 3-23.

[2]　江小涓，靳景，2022. 数字技术提升经济效率：服务分工、产业协同和数实孪生.管理世界（12）: 9-26.

[3]　魏江，苏钟海，刘洋，2023.新兴场域平台企业制度创业过程机理研究.管理世界（9）: 158-177.

[4]　Burke W W, 2002. Organizational Change: Theory and Practice. Thousand Oaks: Sage Publications.

[5]　Cohen B, 2006. Sustainable valley entrepreneurial ecosystems. Business Strategy and the Environment(1): 1-14.

[6]　David R J, Sine W D, Haveman H A, 2013. Seizing opportunity in emerging fields: How institutional entrepreneurs legitimated the professional form of management consulting. Organization Science(2): 356-377.

[7]　Feldman M S, Pentland B T, 2003. Reconceptualizing organizational routines as a source of flexibility and change. Administrative Science Quarterly(1):

94-118.

[8]   Friedlander F, Brown L D, 1974. Orgnization development. Annual Review of Psychology(25): 313-342.

[9]   Guthrie C, 2014. The digital factory: A hands-on learning project in digital entrepreneurship. Journal of Entrepreneurship Education(1): 115-133.

[10] Hage J T, 1999. Organizational innovation and organizational change. Annual Review of Sociology(1): 597-622.

[11] Kretschmer T, Leiponen A, Schilling M, et al, 2022. Platform ecosystems as meta-organizations: Implications for platform strategies.Strategic Management Journal(43): 405-424.

[12] Lewin K, 1939. Field theory and experiment in social psychology: Concepts and methods. American Journal of Sociology(6): 868-896.

[13] Maguire S, Hardy C, Lawrence T B, 2004. Institutional entrepreneurship in emerging fields: HIV/AIDs treatment advocacy in Canada. Academy of Management Journal(5): 657-679.

[14] Misangyi V F, Waver G R, Elms H, 2008. Ending corruption: The interplay among institutional logics, resources, and institutional entrepreneurs. Academy of Management Review(3): 750-770.

[15] Nambisan S, Baron R A, 2021. On the costs of digital entrepreneurship: Role conflict, stress, and venture performance in digital platform-based ecosystems. Journal of Business Research(125): 520-532.

[16] Seo M, Creed W E, 2002. Institutional contradictions, praxis and institutional change: A dialectical perspective. Academy of Management Review(2):

222-247.

[17] Song A K, 2019 The digital entrepreneurial ecosystem: A critique and reconfiguration. Small Business Economics(3): 569-590.

[18] Su Z, Wei J, Liu Y, 2023. Digital industrial platform development: A periphery perspective. Technological Forecasting and Social Change(196): 122338.

[19] Sussan F, Acs Z J, 2017. The digital entrepreneurial ecosystem. Small Business Economics(1): 55-73.

[20] Van de Ven A H, Poole M S, 1995. Explaining development and change in organizations. Academy of Management Review(3): 510-540.

[21] Yoo Y, Boland R J, Lyytinen K, et al, 2012. Organizing for innovation in the digitized world. Organization Science(5):1398-1408.